JULIANA BARON

EU, INTEIRA

histórias reais sobre
uma vida (re)inventada

© Juliana Baron, 2025
Todos os direitos desta edição reservados à Editora Labrador.

Coordenação editorial Pamela J. Oliveira
Assistência editorial Leticia Oliveira, Vanessa Nagayoshi
Capa e projeto gráfico Amanda Chagas
Diagramação Nalu Rosa
Preparação de texto Lívia Lisbôa
Revisão Ligia Alves
Ilustrações Bebel Callage

Dados Internacionais de Catalogação na Publicação (CIP)
Jéssica de Oliveira Molinari - CRB-8/9852

Baron, Juliana
   Eu, inteira / Juliana Baron.
   São Paulo : Labrador, 2025.
   128 p.

   ISBN 978-65-5625-757-0

   1. Autoajuda 2. Crônicas I. Título

24-5358   CDD 158.1

Índice para catálogo sistemático:
1. Autoajuda

Labrador

Diretor-geral Daniel Pinsky
Rua Dr. José Elias, 520, sala 1
Alto da Lapa | 05083-030 | São Paulo | SP
contato@editoralabrador.com.br | (11) 3641-7446
editoralabrador.com.br

A reprodução de qualquer parte desta obra é ilegal e configura uma apropriação indevida dos direitos intelectuais e patrimoniais da autora. A editora não é responsável pelo conteúdo deste livro. A autora conhece os fatos narrados, pelos quais é responsável, assim como se responsabiliza pelos juízos emitidos.

À minha família, pelo apoio no meu processo
de me tornar inteira.

© Juliana Baron, 2025
Todos os direitos desta edição reservados à Editora Labrador.

Coordenação editorial Pamela J. Oliveira
Assistência editorial Leticia Oliveira, Vanessa Nagayoshi
Capa e projeto gráfico Amanda Chagas
Diagramação Nalu Rosa
Preparação de texto Lívia Lisbôa
Revisão Ligia Alves
Ilustrações Bebel Callage

Dados Internacionais de Catalogação na Publicação (CIP)
Jéssica de Oliveira Molinari - CRB-8/9852

Baron, Juliana
  Eu, inteira histórias reais sobre uma vida (re)inventada
Juliana Baron.
  São Paulo : Labrador, 2025.
  128 p.

  ISBN 978-65-5625-757-0

  1. Autoajuda 2. Crônicas I. Título

24-5358   CDD 158.1

Índice para catálogo sistemático:
1. Autoajuda

Labrador

Diretor-geral Daniel Pinsky
Rua Dr. José Elias, 520, sala 1
Alto da Lapa | 05083-030 | São Paulo | SP
contato@editoralabrador.com.br | (11) 3641-7446
editoralabrador.com.br

A reprodução de qualquer parte desta obra é ilegal e configura
uma apropriação indevida dos direitos intelectuais e patrimoniais
da autora. A editora não é responsável pelo conteúdo deste livro.
A autora conhece os fatos narrados, pelos quais é responsável,
assim como se responsabiliza pelos juízos emitidos.

> Renda-se, como eu me rendi.
> Mergulhe no que você não conhece como eu mergulhei.
> Não se preocupe em entender, viver ultrapassa qualquer entendimento."
>
> **Clarice Lispector**

> "A beleza não elimina a tragédia, mas a torna suportável. A felicidade é um dom que deve ser simplesmente gozado. Ela se basta. Mas ela não cria. Não produz pérolas. São os que sofrem que produzem a beleza, para parar de sofrer."
>
> — **Rubem Alves**

Sumário

Prefácio —————————————————— 11
Apresentação ————————————————— 15

Por uma vida desequilibrada ——————————— 17
Não, obrigada ———————————————— 20
Não se afobe, não ——————————————— 23
A chata mais legal —————————————— 25
E se der medo? ———————————————— 27
Diante do espelho —————————————— 30
Se bem me quero, o bem me quer ————————— 32
Uma laranja inteira —————————————— 35
Caos e ordem ————————————————— 37
Eu não estou bem, e tudo bem! ————————— 39
Permita-se —————————————————— 41
Um passo para trás —————————————— 44
Bem comum —————————————————— 46
Inverso astral ———————————————— 49
Respirar quando dói ————————————— 51
Bittersweet ————————————————— 53
Não há lugar melhor que o nosso lar ——————— 55

Não sou capaz de opinar	58
Aperto no peito	60
Enquanto caminhamos	63
Chorona	65
Sorte ou azar?	67
A comunicadora que mora em mim	70
Pois que fique mais chato	73
O silêncio é sagrado	75
Conectada — com a vida	77
Calma na alma	80
Mulheres e seus ciclos	82
Exibida	84
Quais são as suas necessidades na vida?	87
Menos é mais	89
Liberdade como prisão	91
Superioridade	94
E se eu estiver errada?	96
Com o tempo	98
Você não é todo mundo	101
Sobre escolhas e os boletos da vida	103
Emocionada, sim	105
Desculpa, Pollyanna	108
"Apenas" sentir	110
Era uma vez e não era uma vez	112
Quem me conhece sabe?	115
O equilíbrio é dinâmico	117
Agradecimentos	121
Referências	125

Prefácio

Juliana sempre foi uma comunicadora nata. Antes de se formar em psicologia, ela já sabia como transformar o ordinário em reflexões profundas e necessárias – e eu tive o privilégio de acompanhar de perto o início dessa trajetória. Quando ainda escrevia para o *Sobre a Vida*, o blog que mantive por alguns anos, era claro que ela não tinha apenas o dom da escrita, mas uma verdadeira missão: compartilhar sua visão de mundo com autenticidade e coragem.

Para Juliana, a escrita sempre foi um espaço seguro, um lugar onde ela podia refletir sobre as complexidades da vida, e é exatamente isso que faz neste livro. Aqui, ela nos convida a olhar para as muitas nuances do "ser", do "viver" e do "sentir" com uma sinceridade rara. São histórias que todos já vivemos, que tocam a alma e nos lembram que viver é, muitas vezes, um processo de desencontro com quem somos até inventarmos o que é possível.

Como psicóloga e mulher, Juliana nos apresenta uma visão completa, em que a fragilidade e a força coexistem, e o desequilíbrio não é um problema a ser resolvido, mas uma condição natural da vida humana. Ela nos ensina a abraçar essa imperfeição de maneira quase intuitiva, como um guia que não dita regras, mas oferece uma companhia empática e atenta ao longo do caminho.

Ler este livro é como sentar para conversar com uma velha amiga, daquelas que nos conhecem bem o suficiente para saber exatamente o que dizer e o que calar. É um convite para você se permitir sentir e se reconhecer em cada frase e experiência narrada. Juliana nos coloca, de maneira despretensiosa, mas poderosa, diante de dilemas banais e ao mesmo tempo terríveis: a busca por equilíbrio, o medo de falhar, o desafio de nos aceitarmos inteiros, com nossas sombras e nossas luzes.

Juliana, você tirou este livro da gaveta, e ainda bem que o fez. Suas palavras são um presente e um lembrete para que não nos percamos de nós mesmos (ou nos percamos um pouco), mesmo quando o mundo parece caótico e as respostas nos escapam.

Você encontrará nos causos a força para dialogar com os seus próprios dilemas e, acima de tudo, a coragem de seguir se reformulando, com toda a beleza que há no processo. É uma honra estar aqui para abrir as portas deste livro. Então vá em frente. Você não vai terminar de ler sem grandes insights sobre a sua própria vida.

Fred Mattos
Psicólogo clínico e escritor

Apresentação

> Juliana querida, não deixa este livro na gaveta. Vem aqui me visitar quando vieres a Porto Alegre em setembro, vamos tomar chá e conversar sobre a capa, pq este teu sonho tem que virar realidade!
>
> bjão, bebel

Recebi esse e-mail no dia 20 de agosto de 2014, pouco mais de dez anos antes do momento em que escrevo este texto. Ele foi enviado pela ilustradora Bebel Callage, assim que finalizamos o processo de criação e entrega de ilustrações para o que era, então, um projeto de livro.

Por uma década, deixei o e-mail dela na minha caixa de entrada. Um pouco como lembrete, outro tanto como provocação.

"Não vá deixar na gaveta", ela me alertou. E eu deixei. No caso, num arquivo no computador. Foram anos me martirizando por ter abandonado esse sonho. Mesmo depois de ter publicado o meu primeiro livro, em 2023 (o primeiro publicado — porque, escrito, era o segundo), sentia que faltava colocar este aqui no mundo.

Assim, entre dores e delícias, cá estou eu, finalmente, tirando o sonho da gaveta. Quem imaginou que o meu segundo livro publicado seria sobre relacionamentos amorosos, o meu principal foco de trabalho hoje, como psicóloga clínica, se enganou. Gosto de escrever sobre esse tema, assim como sobre maternidade e parentalidade, mas também gosto de falar sobre ser mulher, para além de qualquer outra coisa. Claro, sobre "ser mulher" *dentro do meu contexto de privilégios*, como faço questão de ressaltar; mas espero que todas vocês, de alguma forma, se reconheçam nos meus textos.

Como levei um tempo para publicar este livro, precisei revisá-lo, retirando e adicionando alguns textos, mas todos contam sobre o que aprendi no processo de me reinventar e me aceitar inteira, mesmo com todas as minhas imperfeições. Demorei mais do que eu gostaria, mas finalmente, entendi que é não só é possível seguir com as faltas que me compõem, como são elas que me mantêm em movimento.

Este não é um livro teórico ou de autoajuda (apesar de imaginar que ele vá se encaixar nessa categoria). Ele foi escrito a partir do desejo de compartilhar as minhas reflexões e vivências com quem se identificar com elas. O meu principal objetivo é oferecer companhia no caminho de altos e baixos e nas impermanências. Não quero desrespeitar o sofrimento de ninguém, nem romantizar os desafios e, muito menos, ensinar nada. Quis escrever o que precisei ler em algum momento. Por isso, espero do fundo do coração que os meus textos te façam rir, refletir e se emocionar.

Seguimos, juntas e separadas, nesse caminho de nos reinventarmos até nos sentirmos incondicionalmente inteiras.

Por uma vida desequilibrada

Essa era a primeira ideia de título para o livro, inspirada em um texto que escrevi há bastante tempo, onde contava como, por muitos anos, busquei um equilíbrio na vida, até entender que ela acontece justamente enquanto nos desequilibramos.

Foram três as experiências que me fizeram mudar o foco e encontrar paz, tendo uma vida desequilibrada. A primeira foi em um evento em São Paulo, com a jornalista Milly Lacombe. Ao contar uma história, em determinado momento ela falou algo como: se o universo vivesse em equilíbrio, a gente não estaria aqui agora. Para haver troca de energia entre sistemas, é preciso ter um desequilíbrio inicial. Nas esferas científica e biológica, desequilíbrio significa vida. Está na hora de entendermos que o desequilíbrio é nossa maior qualidade.

A segunda experiência marcante foi quase no final de um dos meus filmes preferidos. Em *Comer, rezar, amar*, existe uma cena em que a personagem Liz (vivida pela atriz Julia Roberts) fica arrasada por ter terminado um relacionamento com alguém de quem ela gostava, porque sentia que ele atrapalhava o equilíbrio que ela tinha alcançado depois de muita busca. Ao que o guru Ketut responde: "Liz, viver desequilíbrios faz parte de uma vida equilibrada".

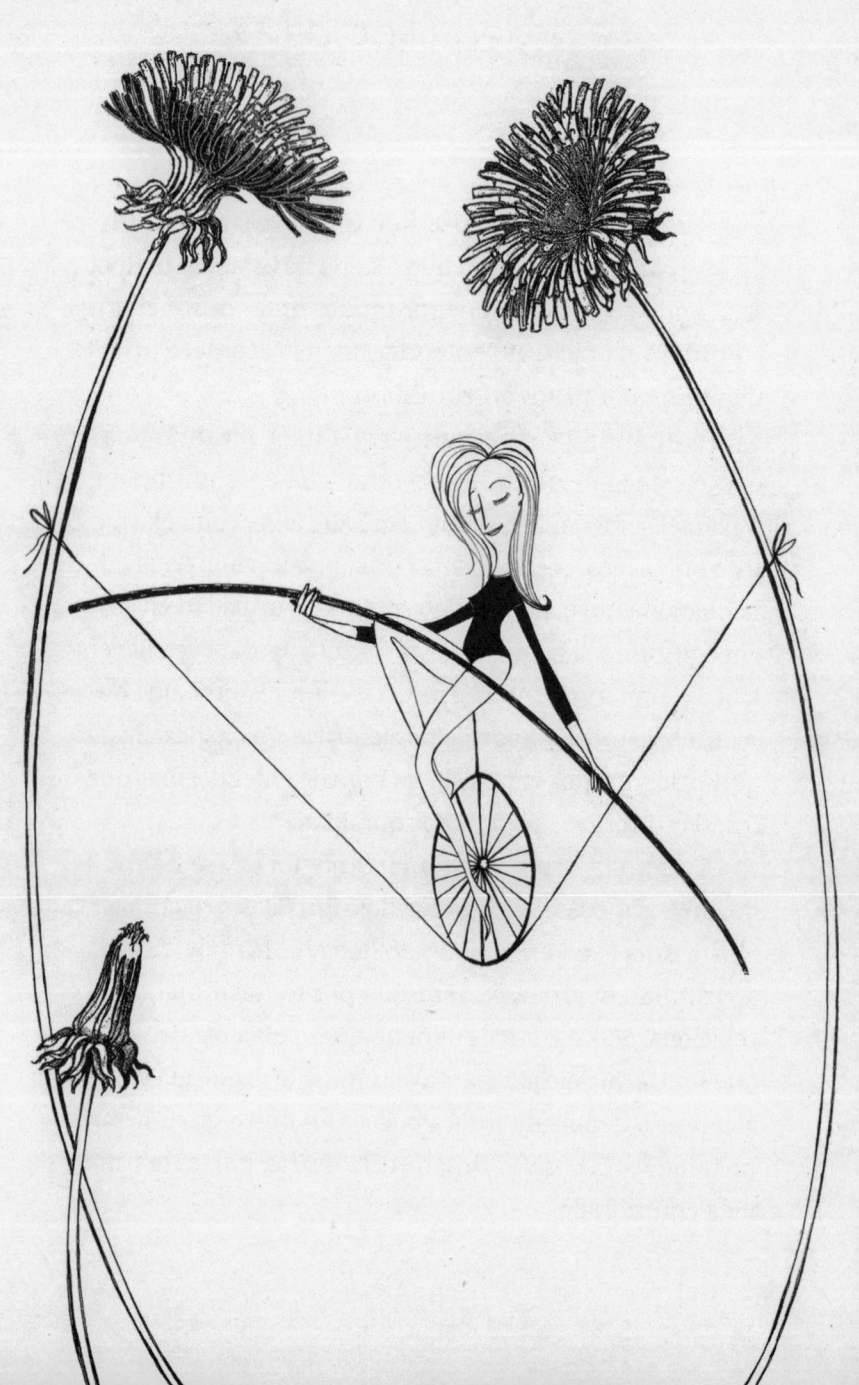

É isso. Por mais incômodos e desconfortáveis que eles sejam, são os desequilíbrios que nos movimentam. Afinal, foram eles que fizeram a autora Elizabeth Gilbert viajar durante um ano e, depois, ter sucesso com o livro que escreveu a partir da sua vivência.

A terceira e última experiência aconteceu há muitos anos, quando ganhei um exemplar do livro *Ostra feliz não faz pérola*, de Rubem Alves. Lembro que logo me identifiquei muito com a ideia do título — de que, para criar uma pérola, primeiro a ostra precisa ter, dentro dela, uma areia que a faça sofrer. Para que as pontas do grão de areia não a machuquem, ela se defende produzindo uma substância chamada madrepérola. Depois de um processo que dura cerca de três anos, ela transforma o grão no que conhecemos como pérola.

Ou seja, uma ostra feliz não seria capaz de produzir pérolas, porque, segundo Rubem Alves, a capacidade de criar costuma surgir de alguma dor ou desconforto. E essa forma de enxergar os momentos de desequilíbrio na vida possibilitou que eu fizesse uma leitura diferente daquilo que antes eu só entendia como algo ruim, do qual só queria fugir.

Como eu disse na apresentação do livro, a minha ideia não é romantizar momentos difíceis; mas, sendo eles inerentes à vida, aceitá-los abre possibilidades para entendermos como viver sem tanto sofrimento.

Não, obrigada

Assim que publiquei o meu primeiro livro, precisei de ajuda profissional para criar um anúncio na rede social. Apesar de ser psicóloga, costumo me virar bem no mundo digital, mas não conseguia de jeito nenhum impulsionar uma publicação, porque empacava em um erro que não conseguia resolver.

Por indicação de uma amiga, procurei uma profissional da área de marketing, que, no primeiro contato, avisou que analisaria o meu perfil do Instagram para, então, me dar uma devolutiva. Alguns minutos depois, ela me procurou e disse que eu precisava postar com mais frequência, principalmente sobre a rotina com os meus filhos. E seguiu nesse papo de *lifestyle* que eu confesso que me faz revirar os olhos.

Sim, eu sei que esse é o trabalho dela e que deve ter alguma lógica (afinal, tem muita gente fazendo dinheiro assim), mas a verdade é que eu não consigo. Ou melhor, não quero. Felizmente, minha vida financeira não depende disso e acredito que a minha saúde mental não aguentaria.

Não é que eu não goste das redes sociais, mas, há alguns anos, tenho buscado uma relação mais saudável com os algoritmos. Gosto da interação e de me conectar com as pessoas, mas estou sempre atenta ao limite do que é inegociável para mim. Acredito que tem muito conteúdo necessário, mas a verdade é que, diariamente,

esbarro em perfis de pessoas que vivem de um jeito que não tem nada a ver comigo ou com o que eu quero.

Hoje, posto uma parte do que eu faço por pura diversão — e, lógico, um pouco de vaidade. Mas fazer isso de forma sistemática e cheia de outras intenções, compartilhar recortes selecionados — para depois vender algo — não é para mim. A obrigação de manter uma audiência aquecida para, depois, dar o golpe e vender uma ideia de "olhem, a minha vida é incrível! Comprem o meu curso que ensino como fazer" ou, simplesmente, mostrar "como eu sou feliz" me causa palpitação. Não, obrigada!

Fora que registros diários dos treinos, da alimentação saudável, das viagens, das conquistas e da vida perfeita não me convencem; porque, diariamente, testemunho o adoecimento de uma sociedade cada vez mais conectada à imagem espelhada pela tela. E, por mais complexa que a vida real seja, é nela que me encontro — naquilo que vibra bem longe da tela de um celular.

Ganho menos dinheiro acreditando nisso? Com certeza. Mas a paz de botar a cabeça no travesseiro porque o que não aparece nas redes é melhor do que aquilo que eu posto (e não o contrário), nenhum resultado de anúncio no mundo será capaz de pagar.

Não se afobe, não

Todo início de ano é a mesma coisa: pipocam conteúdos e anúncios de milhares de cursos que prometem um ano incrível e diferente; afinal, temos algumas centenas de páginas em branco para preencher com planos e metas.

Eu até acredito em disparadores de mudanças e tenho fé de que dias melhores virão, mas é que, por aqui, o ano costuma começar em um ritmo que vai na contramão de todas essas propostas. Ele inicia justamente no momento em que eu tenho menos energia e disponibilidade para colocar qualquer ação em prática.

É verão, faz calor, e isso me deixa indisposta. As crianças e a minha funcionária estão de férias, o que me deixa com menos tempo. A agenda de pacientes ainda está tomando forma, porque a maioria não retornou e isso me deixa sem rotina e direção. Fora que, como os meus dias são preenchidos com infinitas tarefas domésticas, ao final deles, tudo o que eu mais quero ou consigo é deitar no sofá e não fazer nada.

Portanto, não tem treino "pago", leituras concluídas ou planos definidos. Só tem eu, o meu cansaço e um sonho de também tirar férias. Até tiro uns dias *off* do trabalho, mas não da vida, porque ela segue demandando e não me deixando descansar como eu gostaria.

Para ficar em paz, precisei entender e aceitar que desacelerar e atravessar esse período dando conta do básico, sem grandes mudanças, já é bastante coisa. Alimentar crianças e cachorros, não deixar a louça acumulada na pia e as roupas na tulha, e tomar fôlego para um novo ciclo que está começando também é louvável. E não precisa envolver grandes segredos para performar mais e melhor.

Para quem começa o ano no mesmo ritmo que eu, fica o recado cantado por Chico: "não se afobe, não, que nada é pra já".

O ano começa para todo mundo, e vamos cada uma no seu ritmo porque, no fim, o que importa é a constância, e não a performance.

A chata mais legal

Na minha vida, sempre me dividi entre querer agradar e ser agradável ou ser fiel a quem eu queria ser. E, nessa ambivalência ansiogênica, por muito tempo tive uma péssima autoestima, porque colocava o foco só no que entendia como *defeitos*. Até que, há alguns anos, depois de muita terapia e processos de autoconhecimento, assumi e integrei as minhas características menos aceitas (em especial a de ser chata), porque entendi que eu não sou só uma coisa e que isso também é parte de mim.

Digo que eu sou chata porque sou crítica, mandona, criteriosa, pontual, metódica e por adorar as coisas organizadas. Se isso não te parece uma chatice, espera até eu contar que não gosto de viajar. Sim, agora exagerei. Não é que eu odeie ou nunca viaje, mas não sou alguém que planeja, guarda dinheiro ou tem como objetivo de vida conhecer lugares. É só que eu gosto mais da minha casa, da minha cama e da minha rotina.

Tenho certeza de que agora você concorda que eu sou chata. Acontece que eu também sou legal. Pode perguntar por aí. Sou engraçada, generosa, parceira, resiliente e amorosa. Ou seja, além de chata — título que hoje assumo com tranquilidade e subversão —, sou um tanto de outras coisas também.

Como eu disse, levei anos para entender que sou inteira e que eu sou muitas coisas além das características que muitos leem como ruins (inclusive eu). E foi aí que uma amiga conseguiu me definir direitinho: a chata mais legal que ela conhece!

Vejo que muitas pessoas se apegam à meia dúzia de defeitos com os quais se identificam. As mulheres, principalmente, têm o costume de dar mais atenção do que deveriam àquilo que são e que não agrada quem as cerca, como se existisse alguém perfeito ou se precisássemos ser e fazer apenas o que é aprovado por outras pessoas. Essa é uma cilada, mas não precisa ser um caminho sem volta. Inclusive, sinto que, quanto mais nos aceitamos nas nossas imperfeições, mais convidamos todas as pessoas a fazerem o mesmo.

Por aqui, sigo descobrindo as minhas contradições e paradoxos, sem me preocupar tanto com os outros, e até mesmo aberta a mudanças. Sem deixar de ser chata, também. Até porque eu sou *a chata mais legal*.

E se der medo?

Nunca fui uma criança com muitos medos. Pelo menos, não me lembro de nenhum marcante, como medo do mar ou de altura. Acho que foi na adolescência que esse sentimento se fez mais presente: medo de ser rejeitada, julgada ou de não ser compreendida. Medo de ser descoberta nas mentiras que contava ou de não ser convidada para uma festa.

Na vida adulta, os medos se intensificaram e ficaram mais complexos: medo de escolher uma profissão porque diziam que era para o resto da vida, de errar como mãe e de não ser boa o suficiente. Lembro-me de algumas vezes em que tive tanto medo que era possível senti-lo em todas as células do meu corpo. Como quando descobri a primeira gravidez não planejada, quando me vi morando sozinha em São Paulo, quando faria uma palestra para centenas de pessoas e quando quis ser colaboradora em um site bem conhecido na época.

Eu já escrevia havia algum tempo em blogs e amava o conteúdo do site *Sobre a Vida*, de autoria do psicólogo Frederico Mattos. Um dia, descobri que ele aceitava colaboradores e, mesmo achando que os meus textos não eram assim tão bons, mandei um e-mail com alguns deles, contando um pouco da minha vida... E não é que, dois dias depois, ele me respondeu, dizendo ter adorado o que tinha lido... e que eu estava aprovada? Simples assim.

Na época, fiquei muito feliz, mas acho que não tinha a real noção do que aquilo significava. Porque o meu blog era quase caseiro e eu não tinha meia dúzia de leitoras, enquanto o *Sobre a Vida* tinha toda uma história, milhares de seguidores e era de um psicólogo cheio de conhecimento e experiências para compartilhar com as pessoas.

Enfim, driblando os meus medos a cada texto enviado, colaborei durante alguns anos e, desde então, minha vida mudou consideravelmente. Sou extremamente grata ao Fred, pela oportunidade, e à coragem que eu tive como antídoto ao medo que senti.

Aliás, um dos meus primeiros textos por lá tinha o título deste texto aqui. Não considero que a máxima da internet, "se der medo, vai com medo mesmo", sirva para tudo na vida, mas ela me encorajou muitas vezes a atravessar momentos em que o medo quase me paralisou.

Por isso, se der medo, eu vou com medo mesmo!

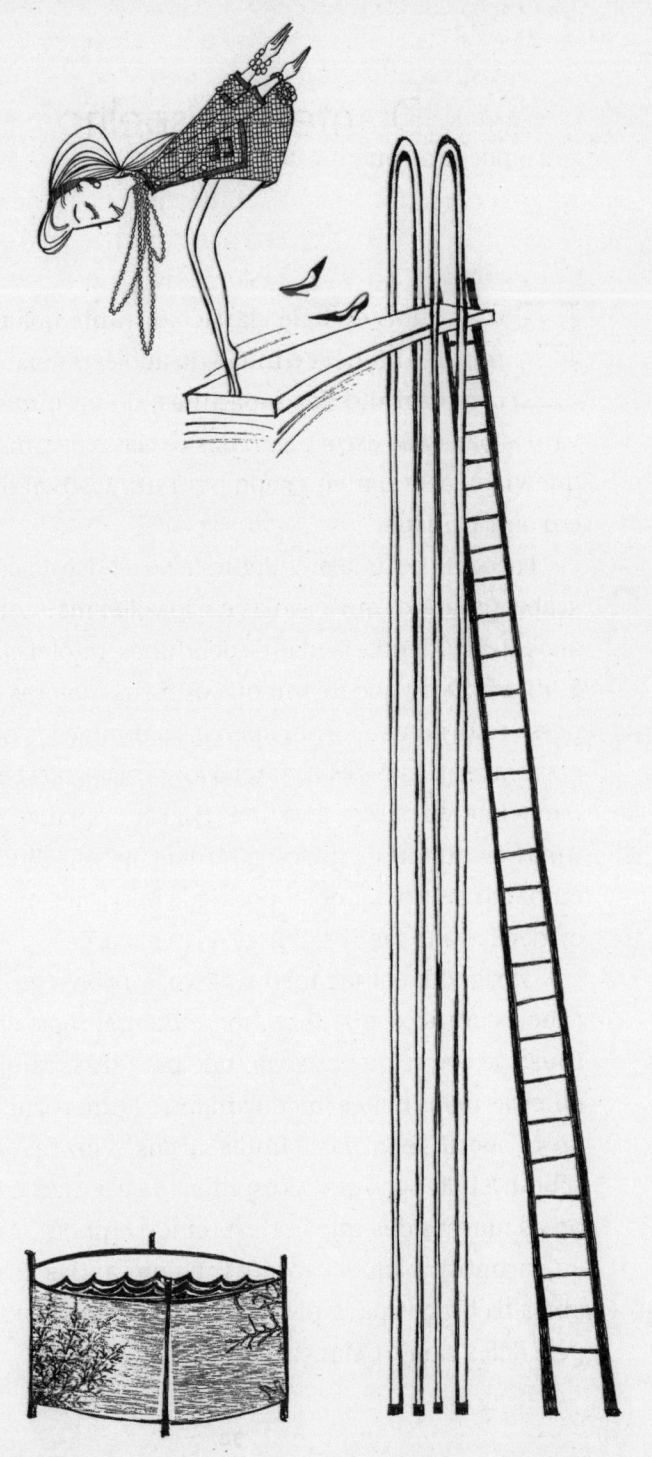

Diante do espelho

Eu fiz aulas de balé clássico durante boa parte da minha infância e início da adolescência. Lembro com carinho das sapatilhas, do breu que passávamos para não escorregar, das coxias e de uma vez em que viajei com o meu grupo para um festival de dança em outra cidade.

Por conta de uma pré-tendinite no tendão do pé direito, acabei parando com as aulas e não voltei mais até alguns anos atrás, quando, já mãe de dois filhos, resolvi fazer balé. E, diferente do que foi um dia, os meus maiores desafios nesse retorno não foram apenas as limitações nos alongamentos ou as dores de fazer a força necessária para que o movimento pareça leve, mas ficar me olhando durante uma hora diante de um espelho enorme, que ainda ficava embaixo de uma janela, por onde entrava uma luz que evidenciava todas as nuances do meu corpo.

Obrigada a olhar meu reflexo, eu conseguia ver os cabelos brancos, que ficavam ainda mais aparentes por causa do coque que puxava tudo para trás. Também via olheiras pelas noites maldormidas, algumas ruguinhas, poros abertos e sardas. Muitas sardas. A luz ressaltava as sobrancelhas por fazer, as espinhas da bagunça hormonal ou as marcas das que já tinham ido embora. Ao olhar, eu encontrava aquela gordurinha nas axilas, e, quando abria os braços para passar para a segunda posição, a pele deles caía e balançava.

Talvez para algumas mulheres isso não significasse nada. Outras profetizariam que só piora com o tempo (e eu sempre sinto compaixão por elas). No exercício de entender o que aquilo significava pra mim, a cada aula eu escolhia aprender a manter os olhos bem abertos e enxergar, mais do que ver — mesmo (e, principalmente) aquilo que me incomodava.

Sem julgar, negar ou rejeitar; porque aquela sou eu, mesmo quando não há espelho ou luz. E eu estava dançando, veja só. Tenho dois braços, duas pernas, energia e estava ali, dançando e me desafiando, com aquele corpo. Com o meu corpo.

A cada quarta-feira, diante do espelho, mais do que aprender os passos do balé, eu acabava aprendendo sobre mim. Aprendia a aceitar o meu corpo perfeito nas suas imperfeições e a dançar como se ninguém mais estivesse olhando, mas como se o mundo inteiro pudesse me enxergar também, exatamente como sou.

Se bem me quero, o bem me quer

Em 2014, durante um curso, escrevi no meu caderno a frase "Se bem me quero, o bem me quer". Não lembro exatamente em que estava pensando quando ela surgiu, mas, desde aquele momento, vira e mexe penso nela, para me lembrar de que preciso me querer bem se desejo que o mundo me queira bem também.

Sei que o conceito de autocuidado já está esvaziado, com tantas ofertas que, a meu ver, sem querer, apenas reforçam cobranças estéticas ou sugerem o descanso sem problematizar a exaustão, mas a verdade é que não podemos nos perder de vista. Podemos, sim, nos cuidarmos, ao hidratar a pele ou ler um livro como forma de pausar, mas acredito mais no autocuidado que passa por cuidados profundos, que alcançam camadas muito abaixo de uma pele bem hidratada.

Por mais que eu saiba que os homens também sofrem pressões estéticas, é inegável que as mulheres, estando dentro do padrão ou não, dando mais ou menos foco à imagem, em algum momento costumam se incomodar mais com o que veem ao se olharem no espelho e gastam mais tempo e dinheiro do que precisam para mudar algo em si.

Claro que eu sei que, nesse processo de mudar hábitos, consideramos o fator *saúde*, mas, via de regra, a busca pela transformação passa muito mais por não nos sentirmos bem com o que vemos "fora" e muito menos por como nos sentimos "dentro". E é nesse lugar que reside o autocuidado no qual eu acredito.

Quando penso em me querer bem, procuro sempre estar atenta ao que me incomoda, sem deixar de me perguntar o porquê. Não que eu queira (ou consiga) viver desconectada do que se entende como beleza, mas hoje só aceito mudar se for por amor, e não por odiar quem eu sou.

Não permito que a busca por me encaixar em um determinado padrão tire a potência de ser e fazer o que faz sentido pra mim; quase como uma maneira de resistir ao que tem sido feito com nós, mulheres, há séculos. Essa potência me faz sentir, faz com eu que me queira bem.

A tarefa não está concluída, mas sigo vigilante, reflexiva e convidando outras mulheres a mudarem sim, se for por amor. Por amor às suas histórias, aos seus caminhos, às suas escolhas e aos seus processos. E amor por quem elas são e por quem desejam se tornar.

Uma laranja inteira

Ninguém ensina como podemos ou devemos nos relacionar com outra pessoa, encontrar alguém e fazer aquilo funcionar, a médio e longo prazo. Em geral, vamos juntando na vida referências do que seria um relacionamento, como quem junta conchas na praia até ter um pote cheio. Ou metade dele; afinal, a ideia é esbarrar em alguém que nos complete, ou complemente, como é mais bonito de se pensar.

As conchas, ou melhor, as referências que fui colecionando nas duas primeiras décadas da minha vida, eram basicamente as que eu via nos filmes de comédia romântica que costumam mostrar a narrativa batida da jornada do herói. Quer dizer, da heroína, porque todos eles, sem exceção, contavam a história de mulheres na impiedosa busca por príncipes encantados ou por sapos que dependiam delas para se transformarem.

Antes de encontrar meu marido — e inspirada nas performances dessas personagens um tanto carentes —, colecionei relações bem problemáticas. E curtas. Procurando a tampa da minha panela ou a tal metade da laranja, topei com uma infinidade de outras frutas que não casavam bem com o gosto da metade daquela que eu achava que precisava ser.

Para piorar a história, eu nem gosto de laranja. Não gosto de comer a fruta, não gosto do cheiro impregnante e das fibras que prendem nos dentes. Até tomo o suco coado e como o bolo, mas, se fosse escolher, jamais seria uma. Se bem que, como eu aprendi com os filmes, a ideia não é escolhermos, mas sermos escolhidas.

Só pude entender o que é um relacionamento "sério" (mil aspas, mas não encontrei um termo melhor) quando já estava em um, e só tive tempo de aprender com ele porque engravidamos sem planejar, logo no início do namoro, e já não era mais possível simplesmente juntar aquela meia dúzia de coisas que deixamos na casa da outra pessoa e partir. Caso eu não quisesse mais estar com aquele namorado que também se tornou o pai do meu filho, precisaria encarar um divórcio e a temida divisão de guarda e de tempo de convívio com a criança.

Veja bem, não estou dizendo que filhos sejam impeditivos para o fim de um relacionamento. Mas, na minha história, esse elemento e a complexidade envolvida com a sua chegada me obrigaram a pensar duas, três, dez vezes a cada desafio relacional enfrentado — e sempre escolher ficar. Isso porque, na balança entre o que era bom e o que me irritava, a primeira parte pesava mais. E porque, durante todo esse processo, além de ter estudado muito sobre relacionamentos ao me tornar psicoterapeuta de casal, entendi que não se tratava de ser metade e buscar a outra metade em alguém, como me contaram os filmes. Uma relação só vai funcionar quando duas frutas inteiras (ou despedaçadas, que seja) se encontram, em vez de buscarem na outra as partes que lhes faltam.

No fim das contas, entendi que o importante é estarmos felizes com quem somos para, então, quem sabe um dia, se quisermos, encontrarmos outra fruta feliz nas suas imperfeições e compor um suco delicioso de inteirezas que queiram dividir a vida.

Caos e ordem

Tem um símbolo com o qual sempre me conectei, o yin-yang, a ponto de tatuá-lo no braço direito. Apesar de não acreditar em binarismos e de gostar de ver a vida como um caleidoscópio, cheio de cores, possibilidades e movimentos, sempre me senti atraída por aquele círculo simples de duas cores que, de acordo com a filosofia oriental, representa forças opostas e complementares, como luz e sombra, ordem e caos.

No início o símbolo era o que me convocava, mas, quando conheci o significado, passei a me identificar ainda mais, porque estou sempre buscando integrar e aceitar a coexistência de todas as minhas partes, em especial aquelas que parecem opostas e paradoxais, como o caos e a ordem. Até que entendi que um não existe sem o outro porque, além de existirem dentro de nós (caos e ordem), existe caos dentro da ordem e ordem dentro do caos.

Talvez numa tentativa de acreditarmos que somos pessoas totalmente boas, ignoramos o quanto somos luz e, também, sombra. Para não esquecer disso, quando posso, escuto e medito sobre a letra da música "Me curar de mim", da Flaira Ferro. Se você não conhece, sugiro que procure para ouvir. Ela traz, em cada frase, lembretes sobre a humildade necessária para curarmos o que precisamos.

Nesse sentido, um dos meus maiores exercícios na vida tem sido integrar essas várias partes de mim. Isso porque, como contei antes, durante muito tempo acreditei que eu precisava ser uma coisa só. Extrovertida ou introspectiva. Tagarela ou observadora. Erudita ou pop. Alguém que ama trabalhar fora ou que se satisfaz batendo um bolo que vai assar enquanto termina de lavar a louça.

Sou tudo e sou tantas. Somos tudo e somos tantas. Como diz a música: somos más, mentirosas, vaidosas e invejosas. Somos bobas, carentes, amostradas, e, apesar de doer, nos expomos e nos reconhecemos assim, mas, se quisermos viver bem, não existe alternativa que não passe por nos aceitarmos inteiras.

Caos e ordem. Ordem e caos.

Eu não estou bem, e tudo bem!

Há algum tempo, compartilhei um texto nas redes sociais em que dizia não estar na minha melhor fase. Escrevi sentada na cama, depois de um feriado tranquilo e intenso, feliz e cansativo. Confesso que refleti muito antes, porque não queria soar dramática e porque tenho cuidado com a exposição da minha vulnerabilidade — já que, gostando ou não, sou seguida por vários pacientes (dilemas éticos de uma psicóloga nas redes sociais). Mas decidi dividi-lo para contrapor os vários recortes "postáveis" que faço e não acabar sendo mais uma pessoa que reforça uma positividade tóxica.

Depois da postagem, recebi mensagens de pessoas queridas e preocupadas comigo, genuinamente. Inclusive do meu pai, que, desde a minha adolescência, para além dos conflitos que tínhamos, era quem sentava para escutar, com paciência, todos os meus questionamentos existenciais, sem julgar ou apontar direções. Respondi para todos que estou assim por "coisas da vida" e agradeci, porque, nessa época vivida na velocidade 2x, acho bonito quando alguém para e pergunta, de verdade, como o outro está.

Eu não estou bem, e tudo bem. Aprendi, ao longo dos anos, a navegar pela vida. Mesmo (ou principalmente) quando o mar (interno) está mexido. Quando consigo, paro e espero as condições mudarem. Mas, quando não dá, tento relaxar e me deixar ser levada.

Claro, faço qualquer um desses dois movimentos com algum nível de (tentativa de) controle, para não colapsar a embarcação; mas, depois de entender que viver com entrega, querendo ou não, traz angústia, meu exercício é aprender a conviver com ela, sem tentar saná-la com alta produtividade, maquiagem, negação ou projetando minhas dores nos outros.

Por isso, para emprestar modelo para outras pessoas, tenho sido honesta. E, quando não estou bem, não digo que estou. Não por pessimismo, drama ou qualquer coisa do gênero, e sim porque acredito na minha capacidade de conseguir viver sem precisar garantir para o outro que estou bem quando não estou. E porque confio na capacidade de quem recebe essa resposta de lidar com ela.

Dito isso, não estou bem, e tudo bem! E você?

Permita-se

Desde que eu me conheço por gente, sou organizada. Tanto que um dos meus filmes preferidos na infância era *Lua de cristal*, em especial a cena em que a Xuxa limpa e organiza a cozinha imunda e bagunçada da vilã da história.

Lembro-me de quando, ainda morando na casa dos meus pais, eu passava dias arrumando o meu quarto. Colocava toda a bagunça no corredor, do lado de fora, limpava cada cantinho e trazia tudo de volta de forma organizada. Ninguém me exigia esse nível de arrumação; era eu quem precisava dela para dar conta da vida.

Depois, quando fui morar na minha casa e tive o primeiro filho, segui tentando atender a essa necessidade como fazia antes, mas — sempre tem um mas — nem sempre a correria me permitia organizar tudo do jeito que eu queria. Demorei até conseguir aceitar as novas limitações e, por um bom tempo, acabava abrindo mão de fazer coisas para mim até que organizasse o que eu conseguisse. O que não era ruim, mas me deixava pessoalmente muito frustrada e insatisfeita.

Foi só com muita terapia que eu aprendi que, apesar de a organização ser importante, ela não podia me impedir de fazer outras coisas tão importantes quanto ela. Então, por exemplo, passei a não deixar de ler e escrever porque as roupas para lavar se acumulavam no cesto. Não me limitar por algumas tarefas domésticas, inclusive, me

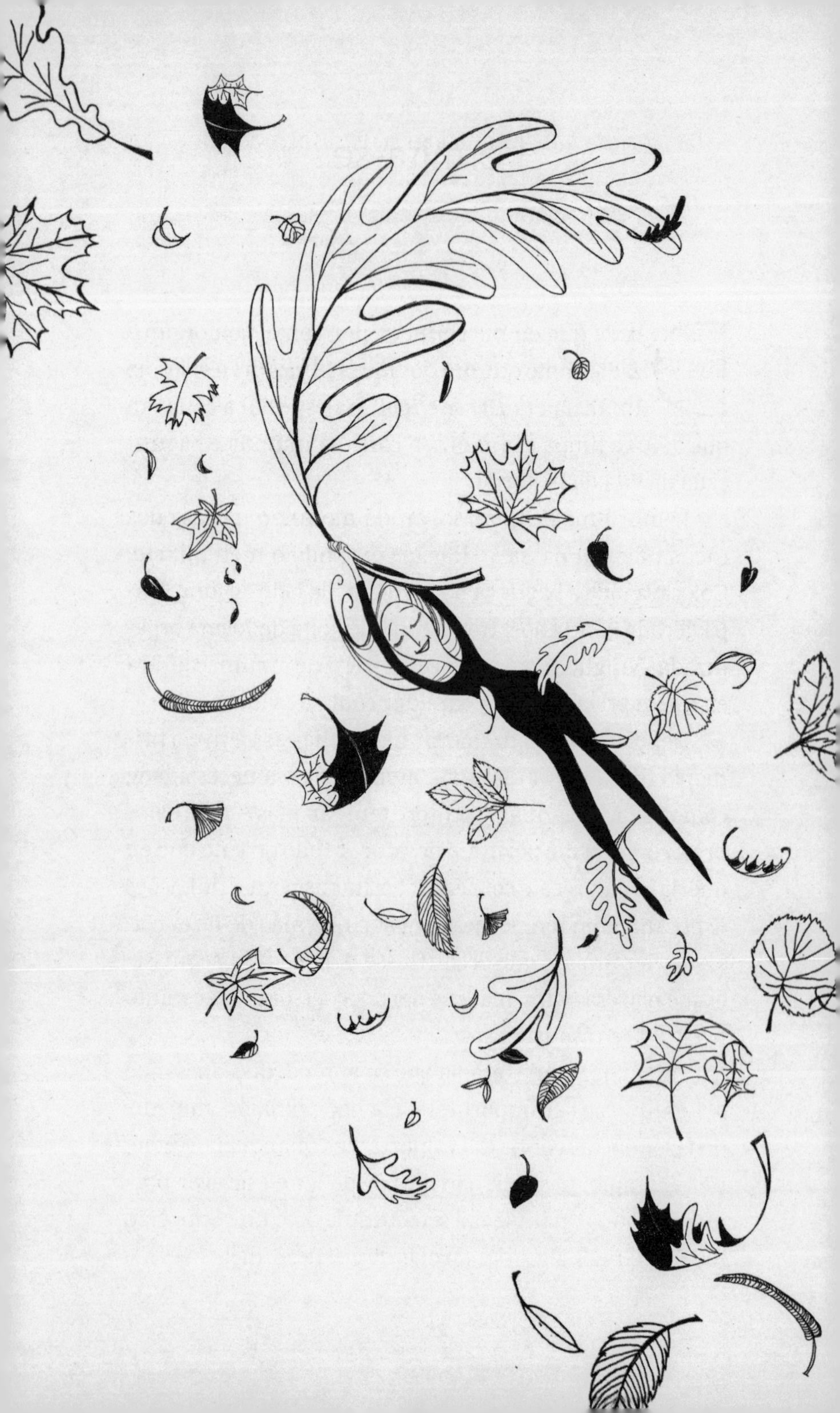

fazia feliz por subverter a lógica de rainha do lar, e, por pura resistência, escolhia uma à outra. Afinal, a bagunça podia esperar quando a minha energia precisava estar em outro lugar.

O que me ajudou nesse processo, também, foi separar um lugar para deixar a desorganização acontecer, sem que isso me atrapalhasse. No meu quarto, por exemplo, tenho uma cadeira onde acumulo as roupas que troco ao longo da semana e que não tenho tempo de guardar. Ou, melhor, que eu escolho não guardar. Aí, no final de semana, paro e dou encaminhamento a cada uma delas.

Tudo isso para contar que nem sempre a vida precisa estar em ordem para ser vivida. Você não pode e não deve esperar um contexto ideal para viver e fazer o que faz sentido para você!

Num fluxo dinâmico entre fazer o que se ama e o que precisa ser feito, permita-se!

Um passo para trás

Há alguns anos, estou num exercício de aprender a lidar e aceitar as incertezas e as limitações de não saber. Sempre fui uma pessoa cheia de opiniões e posicionamentos, mas, depois de algumas rasteiras da vida, precisei assimilar que ela não é feita de certezas absolutas e que vive melhor quem consegue internalizar e surfar na complexidade que é existir.

Não que essa seja uma tarefa fácil. Pelo menos, não foi e não é para mim. Abrir mão de verdades, crenças e generalizações pode causar angústia e nos deixar sem referências. Como assim "nem todos os homens são iguais"? Como "uma mãe é capaz de abandonar os seus filhos"? Como alguém "não acredita em Deus"?

Pois bem, minha gente, neste momento, somos mais de oito bilhões de pessoas no mundo e cada uma é atravessada por vivências individuais, diferenças culturais e sociais, e pelo avanço constante da tecnologia. Tem sempre uma nova descoberta. Ou seja, é como se, a cada dia, precisássemos repensar e rever tudo aquilo em que acreditamos, deixando a janela aberta para novos ventos entrarem.

Assim, meu alerta tem ficado cada vez mais apurado para qualquer tentativa de simplificar o que é complexo ou para falas generalistas sobre qualquer tema, principalmente aqueles que, de verdade, desconheço. Não, nem todo homem. Não, nem toda mãe. Precisamos parar urgentemente com as generalizações, frases prontas e buscas por soluções únicas e rápidas. Não dá para termos pressa correndo o risco de conclusões precipitadas.

Por aqui, tem funcionado sempre dar um passo para trás. Quando a vida se mostra complexa, quando a ansiedade bate e me faz querer resolver logo (porque estou sem tempo ou porque está doendo), quando me percebo querendo concluir algo para simplificar ou mostrar que eu sei ou que eu posso, tenho parado. E, ao invés de avançar, recuo. O que estou sentindo? Como as minhas ações vão impactar os outros? O que está doendo? Preciso ter uma opinião? O que eu quero nesse momento? Será que é melhor eu silenciar?

Um passo para trás, antes de seguir. Porque, talvez, nesse recuo, possamos tomar fôlego, mudar de opinião — se assim quisermos — e avançar, mas avançar com presença.

Bem comum

Como a maioria das crianças, um dia sonhei que, ao crescer, teria uma vida luxuosa e seria amada por todos. Também queria ser famosa e superocupada. Assim, quando entrei na faculdade de direito, imaginei-me como advogada ou juíza – o que hoje sei que era pelo suposto status que essas profissões me trariam.

Até que, de fato, cresci, e, assim que me formei, tive o primeiro filho sem qualquer planejamento. E, por isso, todo e qualquer sonho precisou ficar guardado na gaveta para que eu cuidasse de um bebê. Lembro de me sentir muito frustrada e incompetente nessa época, já que todas as minhas amigas que se formaram comigo davam passos em direção aos seus futuros, enquanto eu estava "trancada" em casa, amamentando e trocando fraldas.

Durante muitos anos guardei comigo a dor de não ter me encontrado profissionalmente. Daquela que usaria roupas chiques e viveria imersa em livros e processos, virei a mãe que estava sempre cansada e com os cabelos amarrados num coque feito com pressa, entre um choro e outro.

Até que o tempo passou, o meu bebê foi crescendo, e, aos poucos, pude voltar a sonhar com a realização profissional. De uma formação em direito que, no fim, descobri que não tinha nada a ver comigo, decidi cursar psicologia, que passou a ser uma paixão. Também ressignifiquei os sonhos sonhados por uma menina e descobri que o que tinha desejado um dia já não era mais compatível com a minha nova versão. Ao atualizar quem eu tinha me tornado, quem eu queria ser e fazer, o que ainda fazia sentido, nada daquela fantasia infantil se encaixava no caminho que eu trilhava com consciência e intenção.

Da criança que tinha desenhado uma vida glamourosa, tornei-me uma mulher que deseja uma vida bem comum. Sigo buscando realizações pessoais e profissionais; mas hoje elas passam longe de vestir roupas elegantes ou ter uma vida bem ocupada. Muito pelo contrário: a cada dia, sou mais feliz vestindo roupas confortáveis e tendo tempo para curtir uma vida bem comum.

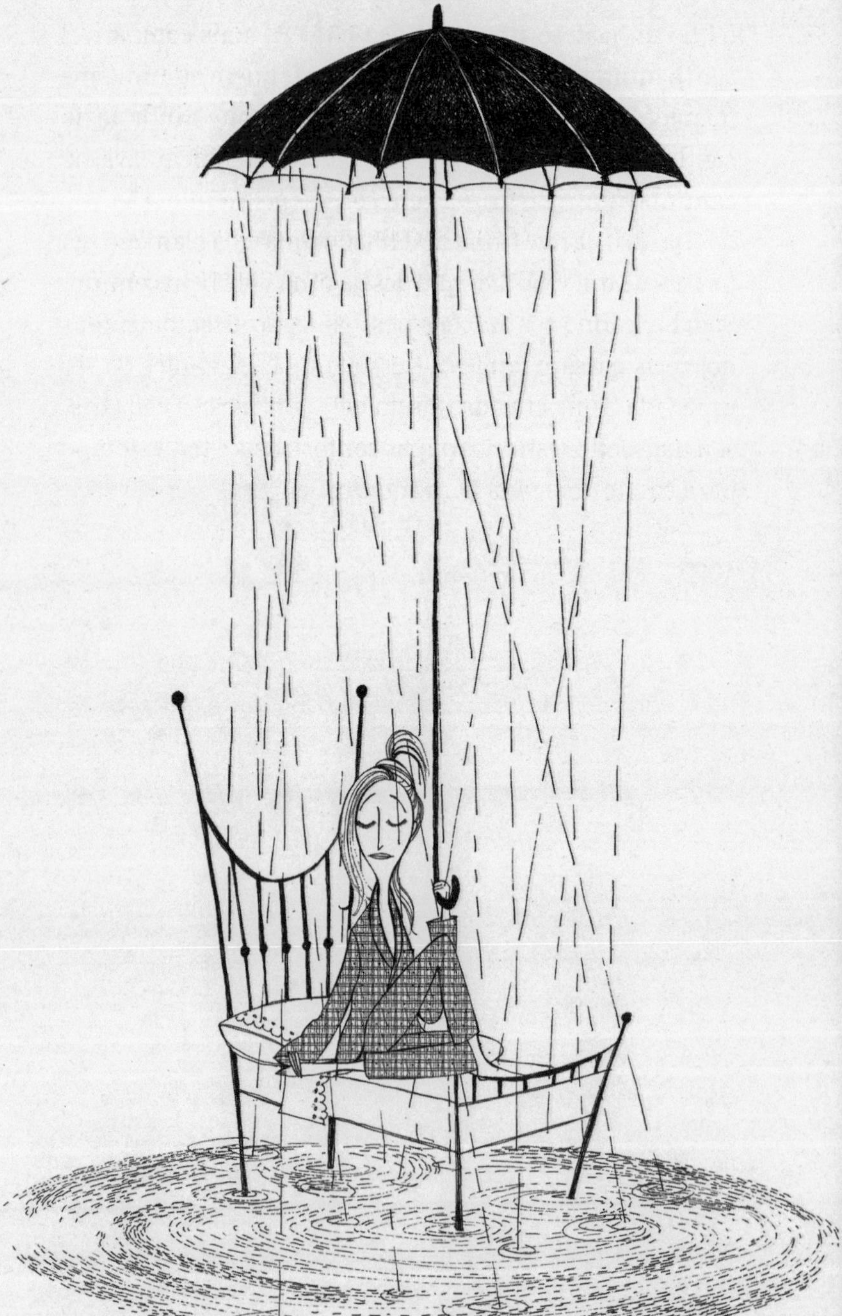

Inverso astral

O inverno sempre chega anunciando o meu inverno astral. Sim, eu uso a palavra *inverno* ao invés de *inferno*. Ou, também, *inverso*. Porque, para mim, esse é um momento de recolhimento, em que me sinto quase virada do avesso.

Apesar de amar comemorar aniversário, desde que me conheço por gente, as semanas anteriores ao dia 18 de julho me levam a um movimento tão desconfortável quanto necessário. Sem querer, me pego mais introspectiva do que de costume e com vontade (mais do que o "normal") de ficar quietinha dentro da minha concha. E eu acho desconfortável porque não é um recolhimento onde caiba um "reage, veste um cropped e vai". É quase como uma areia movediça, e, quanto mais eu tento sair, mais imersa eu fico.

Pensando bem, de alguma forma, sempre tive a tristeza como companhia. Hoje consigo validar essa relação; entendi que foi a intimidade com esse sentimento que fez com que eu me conhecesse, com todas as dores e as delícias que isso significa. E também porque acredito que essa parceria possibilita uma conexão real com quem chega ao consultório se sentindo triste. O que não quer dizer que eu ache que o caminho até aqui tenha sido fácil; mas, como essa não era uma chave que eu podia simplesmente desligar, tive que aprender a fazer do limão uma limonada.

Claro que eu também sou feliz e tudo fica mais simples quando a felicidade se faz presente; mas, olhando para trás, vejo que todas as emoções são válidas e que nem sempre "é melhor ser alegre que ser triste".

Assim, nos últimos anos, quando a tristeza me revisita ou quando estou no inverno astral, tenho usado a minha energia apenas para me entregar e fluir nesse mar de emoções. Mesmo que a vida não pare até que eu me reintegre, não me perco mais remando contra a correnteza. Só sigo. Revisitando o passado, refletindo sobre o futuro e dando conta do presente.

Porque, depois da tempestade, vem a calmaria.

Depois do inverno, sempre chega a primavera.

Respirar quando dói

Há alguns anos, tive crises importantes de dor na lombar e na cervical. Entre cada atendimento no consultório, precisava deitar no chão e me alongar para conseguir seguir trabalhando sentada por mais uma hora inteira.

Com o tempo, entendi que a solução para aquele problema era fazer exercícios de força regularmente, para fortalecer o corpo; mas, até essa descoberta, desesperadamente busquei aliviar as dores com incontáveis sessões de fisioterapia, quiropraxia e acupuntura. E teve algo que eu escutei da médica acupunturista que trago até hoje como lição.

Em uma das sessões, enquanto ela colocava as agulhas nos lugares de maior tensão, eu gemi de dor de forma involuntária e ela, com toda a calma, pediu para que eu respirasse. Respondi que não conseguia, porque doía muito, e ela, de novo, com muita calma, disse:

— É, mas é importante respirar, mesmo quando dói.

Na hora, essa frase tão simples se transformou em um daqueles ensinamentos para a vida, e sempre penso nela quando vivo momentos difíceis. Porque, por mais que respirar seja um movimento involuntário do corpo, a respiração completa e curativa precisa ser uma ação consciente e deliberada. Uma decisão que tomamos, mesmo com dor. E não é que, quando eu inspirava e expirava profundamente, as agulhas doíam menos?

Meses depois dessa sessão, recebi uma notícia muito triste e fiquei praticamente o dia todo com a respiração presa, o que, obviamente, fez com que eu ficasse tensa e angustiada. Então, lembrei-me daquele ensinamento e foquei no ar que entrava e saía do meu corpo. Até porque, nesses momentos, muitas vezes só o que podemos fazer é seguir fazendo o que dá. Inclusive para termos um mínimo de energia para lidar com aquilo que está difícil. E tem coisa mais básica do que respirar de verdade?

Por aqui, sempre que a vida parece caótica, sigo tentando canalizar os meus esforços para fazer o básico bem-feito, o arroz e feijão da melhor maneira possível: durmo mais cedo, cuido mais da qualidade da minha alimentação, bebo bastante água e presto atenção na respiração. Porque, sim, em alguns momentos, o fôlego nos falta e tudo fica complexo demais. Mas, como me ensinou a médica acupunturista, é preciso aprender a respirar, mesmo (ou principalmente) quando dói.

Bittersweet

Sempre acho cafona usar palavras em inglês quando escrevemos em português; mas, desde que assisti ao quarto episódio do documentário da Brené Brown (*Atlas do coração*), onde ela explica o que esse termo significa emocionalmente, me identifiquei tanto que o inseri no meu vocabulário.

Se usarmos o tradutor do Google, a resposta para *"bittersweet"* será "agridoce", mas a ideia de Brené, ao falar sobre esse conceito na sua investigação sobre emoções, tem mais a ver com "emoções contraditórias". Algo que sentimos como bom e ruim; por exemplo, quando vemos os filhos crescendo, quando vivemos o fim de um relacionamento, quando fazemos mudanças ou até ao voltarmos pra casa depois das férias. É quando a alegria e a tristeza mudam de lugar rapidamente ou quando se complementam, como na inspiração e expiração.

Percebo que muitas pessoas não sabem muito bem como lidar com essas contradições, mas eu, particularmente, me identifiquei muito com o que a pesquisadora fala sobre gostar de sentir esse mix de emoções. O episódio, inclusive, traz a participação de uma escritora que eu adoro, a Susan Cain, que diz que a beleza do estado mental das emoções contraditórias é que isso pode nos fazer transcender dores individuais e coletivas – o que acontece muito quando escutamos músicas mais tristes e melancólicas.

Desde a adolescência tenho uma lista de músicas desse tipo. Tenho até uma playlist no Spotify chamada "Drama" — com certeza, a que mais ouço por lá. Curto escutá-las para mergulhar nesse território gostoso e desconfortável das emoções contraditórias. Com frequência, me emociono, sem saber (ou mesmo precisar) distinguir se choro por alegria ou tristeza. E, hoje, vejo que essa minha característica me torna uma psicoterapeuta melhor, porque me conecta com todo o sofrimento compartilhado pelos pacientes. Sinto uma abertura imensa para testemunhar suas dores e tenho um respeito profundo por quem está sofrendo.

"Ah, Juliana, mas isso é muito deprê." Sim e não. Como tenho repetido, viver, de verdade e com entrega, é complexo. É dor e delícia. É *"bitter*-amargo" e *"sweet*-doce". É bom e ruim, tudo junto e misturado.

E aceitar que a vida é agridoce ainda nos dá o poder de transformarmos essas nossas vivências contraditórias em ofertas positivas, criativas e curativas. Ou será que você escuta músicas que arrepiam a alma e lê um livro incrível achando que eles nasceram só de momentos felizes?

Não há lugar melhor que o nosso lar

Você se lembra da história da personagem Dorothy, no filme *O Mágico de Oz*, inspirado na obra literária de L. Frank Baum de 1900? Ela era uma menina que vivia com seus tios em uma fazenda no estado norte-americano do Kansas e que, na versão original, de 1939, foi interpretada pela atriz Judy Garland. Nas primeiras cenas, ela procurava o seu cachorro Totó, repetindo o quanto odiava viver naquele lugar.

Esse sempre foi o meu filme favorito, apesar de ser um musical, e, depois de assisti-lo pela milésima vez, durante um longo voo, finalmente entendi o porquê de amar essa história. Assim como Dorothy, durante muito tempo acreditei que não gostava da vida que eu tinha e percorri uma longa estrada de tijolos amarelos, até descobrir que não existe lugar melhor no mundo que o nosso lar.

Mas o que seria esse lar? Pra mim, de maneira metafórica, lar é o lugar onde você se sente em paz, recarrega as energias e se abastece de vida. No meu caso, o meu lar costuma ser a minha casa mesmo, porque adoro ficar nela. Mas nem sempre precisa ser assim: lar pode ser estar com quem você ama, passar o dia na praia ou até se sentir conectada com você mesma — o que também faz muito sentido pra mim; tanto que tatuei no braço o trecho da música "Triste, louca ou má", que diz que "um homem não me define, minha casa não me define, eu sou o meu próprio lar".

O filme inteiro, na verdade, é cheio de mensagens e lições. Podemos nos identificar com a personagem principal e reconhecer pessoas próximas como os outros personagens que Dorothy encontra durante a sua jornada, ou entender que dentro de nós existem todos eles: o espantalho sem cérebro, o homem de lata sem coração, o leão que se sente covarde, a Bruxa Boa do Norte e as Bruxas Más do Leste e do Oeste.

Assim como Dorothy, eu aprendi muito nesse processo de entender e retornar ao meu lar. Fiz amigos maravilhosos, passei por lugares incríveis da minha psique e enfrentei muitos desafios, até descobrir, como ela, que não há um Mágico de Oz todo-poderoso ou uma bola de cristal que possam dar respostas às minhas perguntas, porque as encontrarei dentro de mim.

Assim, sempre que me sinto perdida ou insatisfeita, fecho os olhos, bato os calcanhares três vezes e penso comigo mesma: "Não há lugar melhor que o nosso lar".

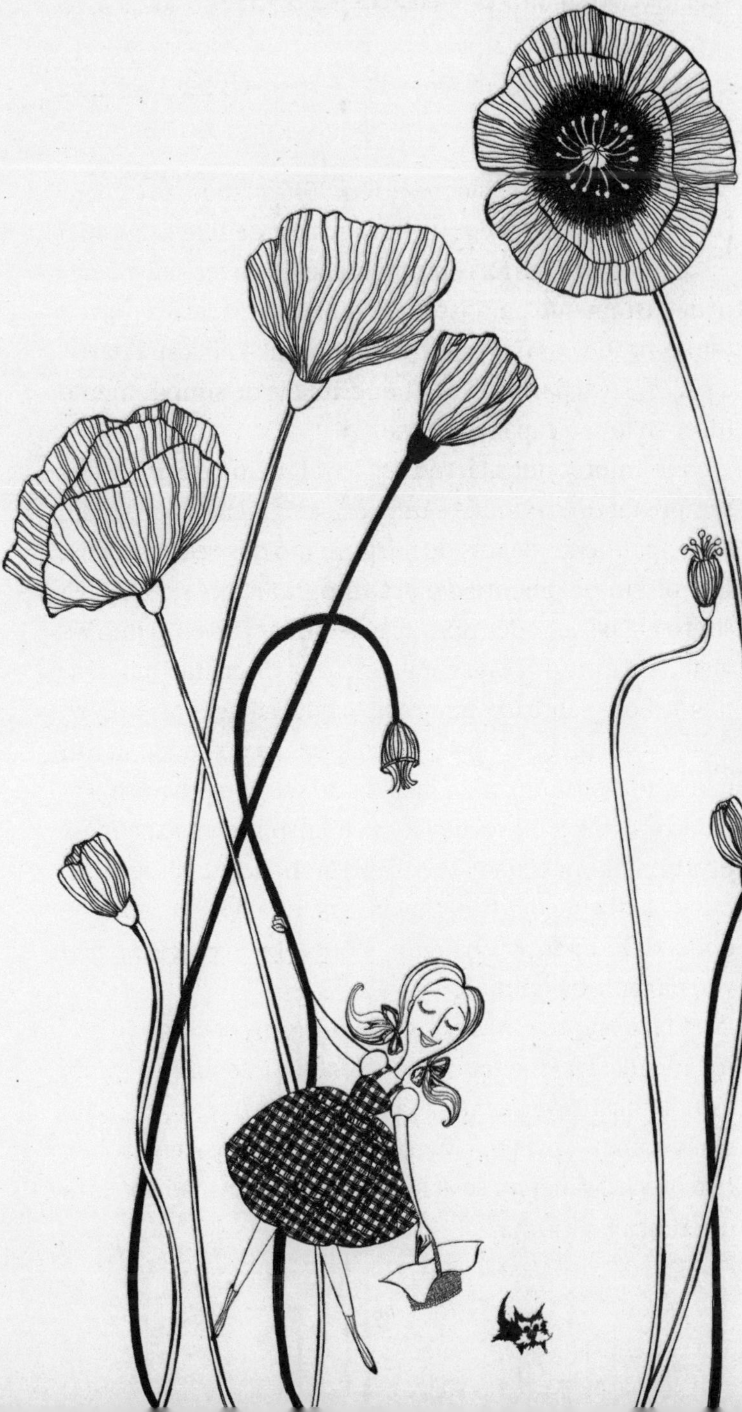

Não sou capaz de opinar

Glória Pires virou meme em 2016 quando, ao comentar o Oscar em um programa de televisão, não emitiu muitas opiniões, apesar de ter sido convidada justamente para isso. Por mais compadecida que eu tenha ficado com a repercussão negativa pela sua participação, levei para a vida a honestidade de simplesmente dizer "não sou capaz de opinar".

Por muitos anos, acreditei ser alguém que precisava sempre ter uma opinião e um posicionamento sobre tudo. Principalmente depois do surgimento das redes sociais. Quanto mais polêmico o assunto, mais me debruçava sobre ele para poder opinar e defender o meu ponto de vista. Até que, um dia, me vi em uma discussão relativamente boba sobre um tema com o qual eu nem me importava, nem entendia de verdade, e estava defendendo um lado que, no fundo, nem fazia tanto sentido pra mim. Foi então que me lembrei da Glória e, inspirada na sua mais profunda honestidade (e talvez um pouco de preguiça), passei a dizer, com frequência, que eu não sou capaz de opinar. Ou melhor: que eu não quero, não preciso e não vou dar minha opinião.

Claro que eu sigo curiosa, com alguns posicionamentos inegociáveis, e tenho aqueles temas sobre os quais estudo incansavelmente; mas, para todo o resto, exercito o não opinar — principalmente sobre coisas que eu não sei, não preciso saber ou se acho que minha opinião não fará diferença nenhuma.

Também entendi que, apesar de até ter a minha opinião pessoal ou profissional sobre um determinado assunto, nem sempre preciso ou devo compartilhá-la; em especial quando ela não foi solicitada. Ou até quando foi.

Por algum motivo, acreditamos que sempre devemos fazer um juízo moral sobre tudo e sobre o que alguém comenta conosco, quando, na verdade, escutar é simplesmente escutar.

Assim, hoje, vivo nesse exercício de não precisar ter opinião sempre ou não precisar manifestá-la, principalmente quando ela não foi solicitada ou em contextos em que sei não existir espaço para troca e construção.

Diante dessas situações, faço a Glória Pires, sou honesta com a minha limitação ou preguiça, apenas sorrio e digo "Não sou capaz de opinar".

Aperto no peito

Durante dias, ela foi se esgueirando pelas sombras. No início, se fez sutil com uma leve palpitação fora de contexto. Aos poucos, deixou a respiração mais curta, como se todo o oxigênio disponível ao redor não fosse suficiente. Bastava eu me lembrar dos compromissos dos próximos dias que ela se anunciava na forma de medo. Será que vou dar conta?

Enquanto eu tentava restabelecer os pensamentos, o WhatsApp apitava com alguma nova demanda: "Mãe, acabou o meu xampu"; "Mãe, posso comprar um joguinho?"; "Bom dia, gostaria de saber o valor da terapia de casal"; "Juliana, posso confirmar sua consulta?".

Pronto. Eu não vou conseguir. Aperto no peito. Lábios e extremidades dormentes.

A ansiedade é uma reação normal do corpo a uma ameaça real ou imaginária. É complexa, por ser necessária como um dispositivo evolutivo que garantiu a sobrevivência. E é, também, desconfortável, pelo medo excessivo e persistente que confunde tudo.

Na minha vida, ela é uma companhia demandante (que bate na porta sem avisar) e traiçoeira (porque, se a deixo entrar sem muita escolha, ela logo ocupa tudo. Pensamentos, corpo e ações).

A ansiedade pode nos proteger e nos limitar. Apesar de disparar uma resposta inconsciente de defesa, para lutarmos ou fugirmos diante daquilo que nos soa ameaçador, pode ser entendida mais como um convite para pausar, nos dias de hoje, enquanto o mundo "acelera e pede pressa". Diferente do que muitos pensam, ela não é uma mensagem, mas o mensageiro que alerta: algo está acontecendo. Ou não está.

Resisti a aceitá-la como parte de mim, e, quando ela veio acumulada na intensidade de uma crise, tentei racionalizar e busquei ajuda nos livros que antes consultei para os meus atendimentos, mas tinha chegado a minha vez de sentir. Aliás, *sentir* era a peça que faltava. Na tentativa de mapear meus últimos passos; para encontrar a pedra onde tropecei, entendi que o que faltou foi, justamente, não pensar. Pensei demais — num novo projeto, num novo curso e em como me preparar para conseguir ajudar mais as pessoas. Só que, no fim, ao querer ajudar, quem precisou de ajuda fui eu.

Viver uma crise de ansiedade é um caminho sem volta. Não dá mais para desver! Ou ela está lá ou quem está é o medo de que ela apareça de novo. Mas também pode ser um caminho de aprendizados; portanto, vale aceitar o convite para curtir a travessia e escolher melhor o que vai na bagagem.

Por mais difícil que essa viagem tenha sido, deixando um carimbo eterno no meu passaporte, quando vem o aperto no peito, respiro fundo e aperto o cinto, pronta para sentir tudo o que estiver no roteiro.

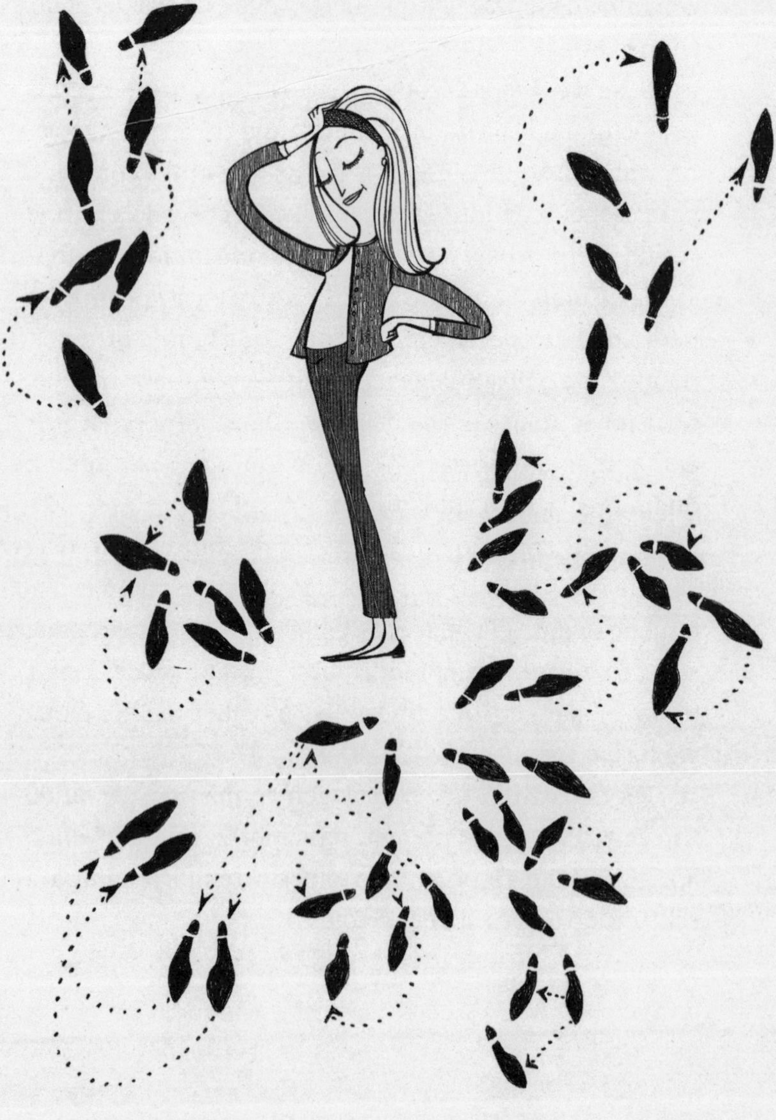

Enquanto caminhamos

Na tentativa de ampliar as minhas frentes de trabalho e estar mais no mundo digital, tenho buscado referências de profissionais com uma postura que faça sentido pra mim. Porém, tenho encontrado mais exemplos de como não quero fazer do que o contrário.

Imagino que isso também aconteça com você, mas, diariamente, as redes sociais me sugerem uma infinidade de conteúdos patrocinados de perfis com os quais não me identifico, mas que o algoritmo acha que sim, porque, vez ou outra, acesso algum deles por pura curiosidade.

Apesar de, teoricamente, eu conhecer algumas das estratégias que fazem com que eles acabem bombando, cooptando milhares de seguidores e ganhando muito dinheiro (como explorar as dores das pessoas perdidas e vender soluções baseadas nas suas próprias histórias), me assusto e me preocupo com até onde toda essa lógica vai nos levar.

Eu até acredito que possamos nos inspirar nas trajetórias alheias, mas acho perigoso demais quando se tem um "guru de estimação" cujos conteúdos vão escalando naquilo que te prometem alcançar. Dos "cinco hábitos que você deve manter ao acordar" a "como se vestir para que o mundo te trate melhor", eles apenas normalizam a chancela do jogo, sem convidar as pessoas a repensarem o jogo em si.

Do outro lado das transações estão adultos adoecidos que, provavelmente, quando eram crianças, aprenderam que, para serem amados e aceitos, precisavam da aprovação dos adultos que tinham como referência — e que lhes diziam o que podiam (ou não) ser e fazer.

Assim, nessa relação adoecida onde ter autoridade e oferecer proteção se confundiu com autoritarismo e controle excessivo, essas crianças cresceram e, ao não terem mais quem lhes desse direção, precisaram de figuras que as orientassem, seguindo os seus passos como se os contextos não importassem, e sem refletir sobre o que elas querem, mesmo, viver.

Então, dissociados de quem somos e do que queremos, parcelamos no cartão promessas de que, se seguirmos todos os dez passos para o sucesso, seremos felizes. E isso não seria um problema se não vivêssemos uma epidemia de ansiedade e depressão. Buscamos *fora*, numa lógica capitalista enlouquecedora, o que talvez precisássemos encontrar *dentro*.

Não encontrei uma resposta de como nos mantermos ativos sem precisar de alguém nos dizendo como, quando e o que fazer. O que eu entendi, até aqui, é que a busca não pode ser por encontrarmos um único caminho, mas nos encontrarmos enquanto caminhamos.

Chorona

O livro *A vida secreta das emoções*, da filósofa e escritora Ilaria Gaspari, é lindo por dentro e por fora. Não é daqueles que dá para ler de qualquer jeito ou em qualquer lugar porque as reflexões exigem atenção. Muita atenção. Lendo cada texto com calma, lembrei muito de mim; em especial, de quem eu fui até pouquíssimo tempo atrás: uma baita chorona. Chorava por tudo e por nada. E não era um choro racionalmente justificado, mas um choro que transbordava muitas emoções. Só eu sei. Lembro de inúmeros episódios em que eu passava horas chorando.

Como você deve imaginar, esse choro quase nunca era bem-visto. Cansei de escutar: "Já vai chorar" ou "Lá vem ela chorar" ou "Não precisa chorar". Como se, ao ouvir essas frases, magicamente eu fosse me sentir melhor. Eu até podia parar de chorar, mas não porque tinha colocado tudo para fora, e sim porque guardei tudo "para dentro". Meu estômago que o diga. É ácido, de tantas lágrimas que acabaram fazendo o caminho contrário.

Hoje, um pouco mais madura, choro bem menos. Não por invalidar esse meio de transbordar as emoções, mas por ter aprendido a expressá-las de outras formas e porque entendi que, antes, o meu choro era mais incompreensão do que eu sentia e do que eu poderia fazer com o que sentia.

Agora, por exemplo, consigo sentir raiva em vez de tristeza. Consigo dizer o que eu sinto, sem me embaralhar com as lágrimas.

Quando preciso chorar, choro. E, se sinto que preciso e não consigo, busco meios para derrubar essa barreira. Porque chorar é lindo e necessário. Acessar esse nível de vulnerabilidade é se reconhecer humilde diante da angústia de existir. Também respeito o choro do outro. Incentivo. Acolho.

Ilaria Gaspari escreveu no livro "que nenhuma emoção é boa ou má". Que "nos reconhecer emotivos significa tomar consciência de não sermos autossuficientes, de termos necessidades, e de que são elas que nos tornam humanos", e que dedica o seu livro "a todos os abalados, desorientados, inquietos, fragmentados".

Assim, se eu pudesse voltar no tempo e dizer algo para a Juliana de uns anos atrás, diria que não era feio ser chorona. Que, mesmo que os adultos não soubessem o que fazer com toda aquela sua emoção escancarada — já que, provavelmente, também não sabiam o que fazer com a deles —, o seu choro não tinha a ver com eles, mas com você mesma. Você, que um dia ainda vai "se encontrar" justamente por ser quem é: uma verdadeira chorona.

Então, chora, Juliana, porque, por ter aprendido a nadar no rio formado por todas as suas lágrimas, você servirá ao mundo como alguém que entende e acolhe, de verdade, o processo de quem também nada nos seus próprios rios de emoções.

Sorte ou azar?

Há muito tempo, escutei uma história que me ajudou a ampliar o meu olhar para o que acontece comigo e confirmou a minha tentativa diária de não classificar a vida em binarismos como "certo e errado" ou "bom e ruim". Juro que entendo a necessidade de darmos significados a tudo o que acontece como forma de diminuir a angústia de *não saber*, mas, ao fazermos isso, acabamos perdendo a oportunidade de nos abrirmos para novas interpretações.

Procurando na internet, achei várias versões da história, então resolvi contar da forma como escutei e como compartilho com alguns pacientes que atendo:

Um menino pobre estava triste, sentado na calçada, porque o que ele mais desejava era ter um cavalo, mas não tinha dinheiro. Nesse dia, passou em sua rua uma cavalaria, que levava um potrinho incapaz de acompanhar o grupo. O dono da cavalaria, vendo a tristeza do menino, perguntou se ele o queria, e é claro que ele aceitou. Um vizinho, tomando conhecimento do ocorrido, disse ao pai do garoto:

— Que sorte!

Ao que o pai pergunta:

— Por quê?

— Ora, seu filho queria um cavalo, passa uma cavalaria e ele ganha um potrinho. Não é uma sorte?

— Sorte ou azar, só o tempo vai dizer! — comentou o pai.

O menino cuidou do cavalo com todo o zelo; mas, um dia, o animal fugiu. Desta vez, então, o vizinho disse:

— Que azar, hein? Ele ganha um potrinho, cuida dele até a fase adulta e o potro foge!

— Sorte ou azar, só o tempo vai dizer! — repetiu o pai.

O tempo passou e, um dia, o cavalo voltou, com uma manada selvagem. O menino, agora um rapaz, consegue cercá-los e fica com todos eles. Ao ver a cena, o tal vizinho exclamou:

— Que sorte! Ganha um potrinho, cria, ele foge e volta com um bando de cavalos selvagens.

— Sorte ou azar, só o tempo vai dizer! — respondeu, novamente, o pai.

Mais tarde, o rapaz estava treinando um dos cavalos quando caiu e quebrou a perna. O vizinho, como de costume, avaliou a situação:

— Que azar! O cavalo foge, volta com uma manada selvagem, o garoto vai treinar um deles e quebra a perna.

— Sorte ou azar, só o tempo vai dizer! — insistiu o pai.

Dias depois, o reino onde moravam declarou guerra ao reino vizinho. Todos os jovens foram convocados, menos o rapaz que estava com a perna quebrada. Ao final da guerra, a maioria dos jovens havia morrido, ao que o vizinho disse:

— Que sorte...

— Sorte ou azar, só o tempo vai dizer!

Ou seja, a vida é uma sequência de acontecimentos que, muitas vezes, podem não fazer sentido num primeiro momento, mas que vão se desdobrando até podermos dar significados diversos e dinâmicos a eles. Acontecimentos que podem ser simplesmente acontecimentos, sem que precisemos atribuir juízos ou avaliações.

Desde que escutei essa história, procuro não ter pressa nas leituras que eu faço daquilo que me acontece.

Afinal, se foi sorte ou azar, só o tempo vai dizer.

A comunicadora que mora em mim

Desde nova (ou desde que eu me lembro das coisas), escrevo. Ou, melhor, tenho curiosidade e necessidade de me comunicar. Entre textos, falas e movimentos, o objetivo final é sempre encontrar uma forma de expressar o que eu sinto.

Por conta dessa paixão, assim que saí do Ensino Médio, aos dezessete anos, quis cursar jornalismo, mas acabei escolhendo o direito e, apesar de essa não ter sido uma escolha apaixonada, concluí a faculdade depois de muita dedicação, e achei que seguiria na área. O que acabou não acontecendo.

Em paralelo ao curso e à vida, eu escrevia na internet, em diários e em infinitos cadernos. Sei que todos nós nos comunicamos o tempo todo, mas, para mim, esse é e sempre foi um aspecto quase vital. Uma necessidade visceral e uma forma de estar no mundo.

Em 2013, depois de um longo processo de autoconhecimento e muita frustração por não ter me encontrado na faculdade que escolhi, decidi voltar para a sala de aula e cursar psicologia. Um dos principais motivos que me fizeram tomar essa decisão foi o desejo de ter assuntos sobre os quais escrever. Eu queria dar vazão a tudo o que vivi e experimentei, mergulhada na terapia individual e em grupos terapêuticos, oferecendo para outras pessoas o que a psicoterapia foi pra mim.

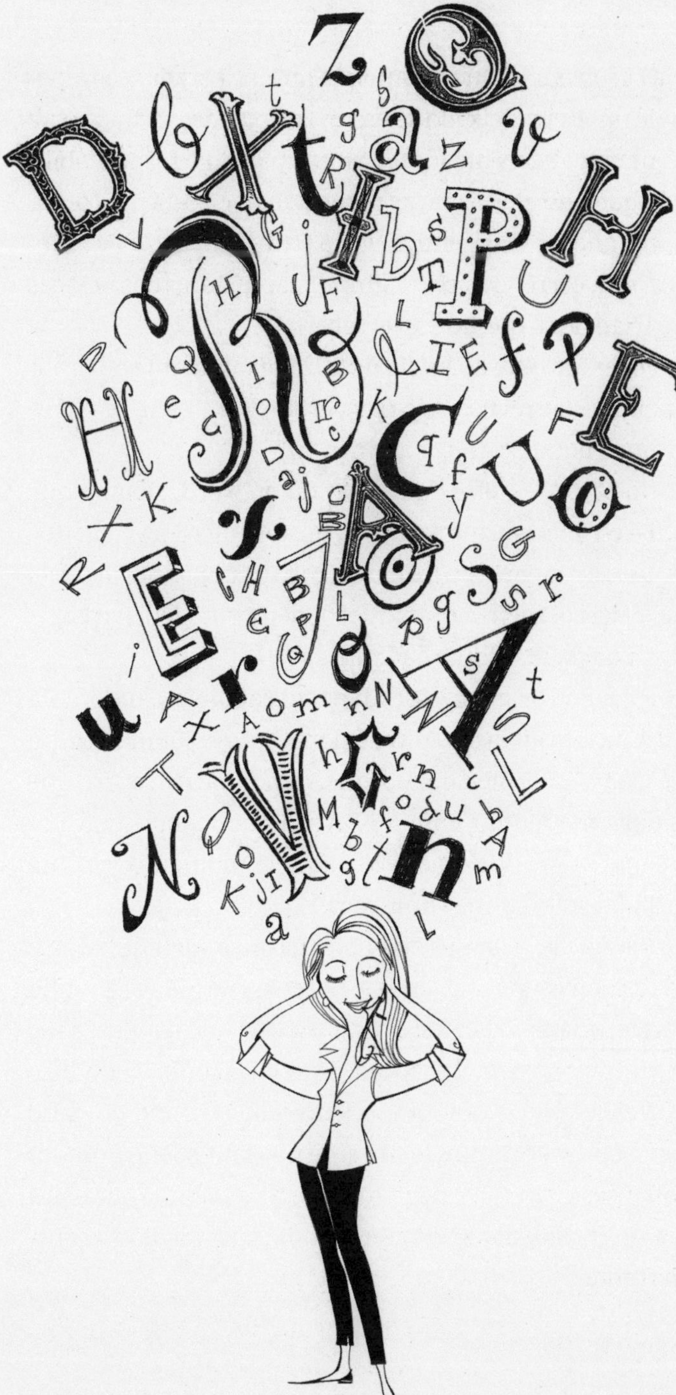

O problema é que, quando terminei a graduação, apesar de nunca ter deixado de escrever, entender melhor sobre sofrimentos reais me fez ter tanto cuidado e responsabilidade que passei a escrever menos do que gostaria. Foram alguns anos até me sentir segura para compartilhar reflexões, sem correr o risco de simplificar as dores das pessoas que iriam ler o que eu escrevesse.

Foi então que, no início de 2023, exatamente dez anos depois que entrei na psicologia, estabeleci a meta de escrever mais naquele ano. E assim o fiz.

No bloco de notas do celular ou no Word, sempre que podia, eu deixava que os meus pensamentos virassem textos. E esse movimento foi tão intenso que, ao final daquele ano, criei coragem e publiquei o meu primeiro livro, que estava havia anos guardado na gaveta.

Foi como se eu tivesse aberto a caixa de pandora da escritora que vivia em mim. Ou melhor, da comunicadora que estava adormecida, porque, depois de um curso que fiz para me ajudar com a gravação de vídeos, entendi que o meu grande objetivo, naquele momento, era, na verdade, voltar a me comunicar.

Apesar de estar supersatisfeita com o meu trabalho e com a profissional que eu era, parecia que faltava alguma coisa, e, quando cheguei à conclusão de que eu queria me assumir como comunicadora, aquilo fez muito sentido.

Desde esse momento, o universo tem me enviado respostas importantes, e, mesmo não tendo feito grandes mudanças visíveis na vida profissional, a menina que desejava ser jornalista acordou e tem me encorajado a seguir em frente.

Pois que fique mais chato

Desde criança, carrego comigo a necessidade de questionar o mundo. Se não concordo, critico. Se não sei, pergunto. E essa característica se intensificou depois que entrei no curso de psicologia, onde aprendi a estranhar o que me é familiar e a me familiarizar com o que me parece estranho.

Depois de me formar, não consegui mais desver algumas violências, preconceitos e desigualdades, e, se já me considerava crítica, fiquei com o filtro ainda mais apurado.

A abertura para os questionamentos também se acentuou depois que os meus filhos nasceram, tanto que os matriculei em uma escola construtivista, que tem como proposta pensar no coletivo, desenvolver o criticismo e a autonomia (funcional e emocional) dos seus alunos. Apesar de saber que eles são de uma nova geração, que já tem mais consciência social, estou sempre atenta a como eles enxergam o mundo. Não fico proferindo grandes discursos porque aprendi que essa não é a linguagem que funciona com crianças e adolescentes, mas, sempre que posso, falo sobre todas e quaisquer formas de preconceito ou violência.

Fora de casa, também não deixo passar as oportunidades de falar sobre esses assuntos e de aprender sobre os preconceitos que existem em mim. Afinal, mesmo sendo alguém disposto a se atualizar o tempo todo, a violência é estrutural, e, por mais que eu queira ser uma pessoa melhor, sempre posso expandir minha consciência.

Nesse processo, confesso que me decepcionei com as limitações de muitas pessoas. Apesar de viver em uma bolha de privilégios, esbarrei com muita gente que insiste em achar qualquer mudança chata ou mimimi. Pessoas que aceitam com facilidade a evolução, como a tecnológica, nas suas vidas, mas falam em conservar as tradições, quando a necessidade por transformação tem a ver com respeitar as escolhas dos outros.

Enquanto não consigo sensibilizar todas elas, foco nas duas pessoas que ainda estão sob a minha responsabilidade e me têm como referência na vida. Tento não idealizá-los ou me apegar à vaidade de criar filhos "desconstruídos", mas não abro mão de seguir tornando tudo mais chato, como algumas pessoas dizem, se esse for o maior problema da vida deles.

Está chato aprender ou ser obrigado a respeitar as diferenças? Pois que fique cada vez mais chato.

O silêncio é sagrado

Teve uma época em que o meu filho mais novo adorava assistir a *realities* de reformas de casas. Não sei bem o porquê, mas, quando ele precisava escolher algo na TV, era sempre esse tipo de programa.

Como também gosto de decoração, assisti a alguns episódios com ele e um, em especial, me marcou profundamente. A história era de uma neta que escreveu pedindo que eles reformassem a casa da sua avó, uma senhora que ostentava longos cabelos brancos, trançados em um penteado lindo. Ela, que não sabia de nada, obviamente se emocionou quando entrou na casa reformada; mas, sem pressa e com presença, em vez de logo querer ver tudo, parou, pediu um tempo, fechou os olhos e disse:

— O silêncio é sagrado.

Uau, me arrepio só de lembrar da cena, que pode não ter significado nada para outras pessoas, mas que me marcou pra sempre. Porque, apesar de gostar de falar e de me expressar, valorizo o silêncio na mesma proporção. Seja ele absoluto ou interno, sempre que me sinto desorganizada, é a ele que recorro. Em casa ou dirigindo, tomando sol ou deitada na cama, vez ou outra, desligo e paro tudo, buscando me reencontrar.

Por me sentir convocada pelo silêncio, já li alguns livros sobre o assunto e indico todos: *Silêncio: na era do ruído*, do explorador e escritor norueguês Erling Kagge; *Escute teu silêncio*, da jornalista Petria Chaves, e *Biografia do silêncio:*

breve ensaio sobre meditação, do padre espanhol e discípulo zen Pablo d'Ors. Mas a verdade é que você nem precisa estudar sobre ele para praticá-lo.

Não é que eu ache fácil silenciar, mas também pode ser mais simples do que parece e tem benefícios reais, além dos místicos e espirituais, já que o silêncio ajuda a reorganizar o corpo como um todo e reduz a frequência cardíaca e a pressão arterial. O ruído excessivo provoca elevados níveis de estresse, enquanto o silêncio causa um efeito reparador e libera a tensão no cérebro e no corpo.

Por aqui, eu não preciso sentar em meditação ou estar em um lugar sem ruídos externos. Claro que é melhor quando eles não estão presentes, ainda mais aqueles que saem de vídeos no celular ou de áudios demorados. Se a alma pede, eu só fico em silêncio. Silencio todos os sentidos, em todos os sentidos.

Escolher o silêncio não é ser silenciada. Escolher o silêncio é resistir à ideia de que precisamos fazer sempre mais e mais.

Por isso, te convido a experimentá-lo também.

Conectada – com a vida

Estou sempre atenta à quantidade de tempo que passo na internet, em especial nas redes sociais. Com frequência, me pergunto: por que escolho ficar tão "conectada"? O que me faz querer expor uma parte da minha vida a supostos "amigos"?

Usei aspas nas últimas duas frases porque, a meu ver, os dois termos carregam certa ambiguidade. O primeiro porque, apesar de eu estar conectada, ou seja, on-line, muitas vezes, estar ali significa estar completamente desconectada da vida e do que acontece ao meu redor. E, o segundo porque, mesmo que eu tenha centenas de amigos nas redes, de verdade, o que isso significa?

Imagino que você também já tenha se questionado sobre isso, afinal estamos todas no mesmo barco, na mesma era e com os celulares grudados nas mãos. Confesso que por algum tempo não estive atenta e me deixei levar pela magia de uma rede social, acessando milhares de vezes por dia para acompanhar o que acontecia, buscando aprovação na quantidade de curtidas e comentários. Até que entendi que aqueles eram recortes da vida dos outros e que o reconhecimento das devolutivas podia me mostrar algo, mas não definir quem eu sou.

Minha métrica de um uso saudável tem sido acessar as redes da forma mais consciente possível, por entender que ficar mais tempo conectada lá significa estar desconectada da vida que acontece fora dela. Também tento

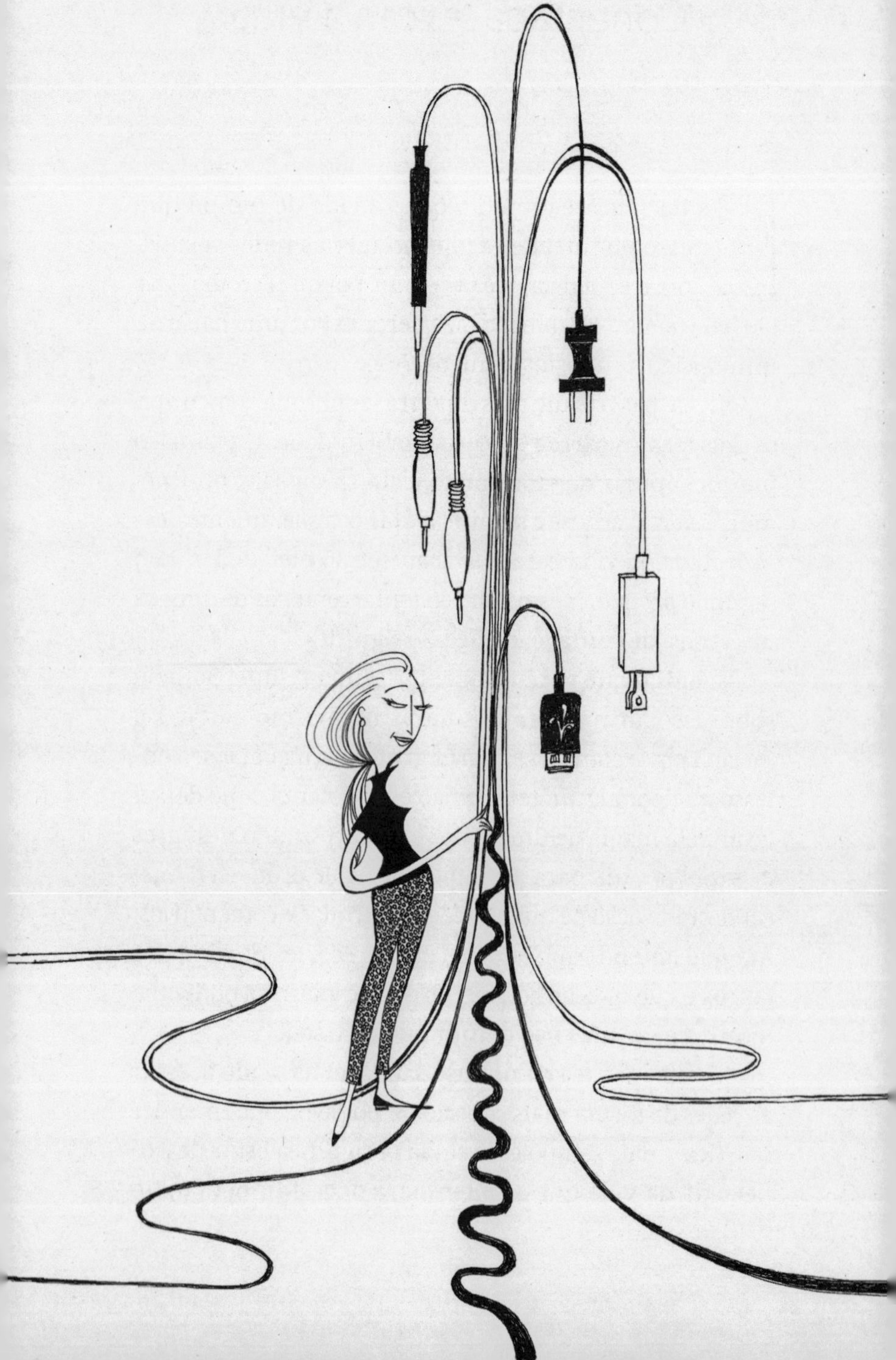

aproveitar os seus benefícios, como a possibilidade de me manter em contato com quem mora longe ou de consumir conteúdos de pessoas que admiro e que me inspiram.

Juro que não quero parecer avessa ao uso das redes sociais, já que, diariamente, estou lá e vivi muita coisa legal a partir dessa interação. Só não consigo deixar de fazer esse contraponto e de me manter vigilante.

Não acredito que se afastar por completo dos estímulos digitais seja a solução definitiva para estarmos mais conectados com a realidade ou que o uso deles seja totalmente prejudicial. Assim como em todas as outras áreas, a diferença está na dose, e estar on-line é uma questão de bom senso e de saber filtrar.

Por aqui, a medida tem sido me perceber conectada ou não na minha vida e com a minha vida. Conectada e coerente com os meus propósitos e com quem eu sou, como diz o psicólogo Jorge Bucay em seu livro *Quando me conheci*: "[...] conectar-se quer dizer estar em sintonia com o que acontece, que, por sua vez, significa que há uma relação congruente entre o que sinto, o que percebo, o que faço e o estímulo original".

Calma na alma

Apesar de não querer ter como obrigação compartilhar a minha rotina nas redes sociais e de não gostar de florear a correria, faço questão de mostrar que a minha vida não é muito diferente da vida de quem me segue. Tem caos e cansaço. Muito cansaço. O que eu costumo fazer, nos momentos em que tudo se intensifica e depois de dias em que compromissos importantes se acumulam, é desacelerar para dar tempo de a minha alma chegar. Como assim, Juliana?

Há muito tempo, ouvi uma história que, desde então, uso como metáfora para não esquecer de parar na mesma proporção em que acelero. Ela diz mais ou menos assim: certo dia, um indígena pegou um trem e, assim que chegou na estação, sentou num banco e ali permaneceu. Uma pessoa que trabalhava ali, encasquetada com aquele homem sentado em silêncio, foi até ele e perguntou o que ele estava fazendo. Ao que ele respondeu que estava esperando a sua alma chegar, porque a viagem de trem havia sido muito rápida.

Acho essa história tão simples e profunda. Para mim, sentar e esperar a minha alma chegar às vezes significa arrumar a bagunça acumulada ao longo dos dias com calma, organizar a minha agenda para incluir pausas, molhar as plantas sem pressa ou deitar no sol para ler um livro. Atividades comuns, mas que têm sido consideradas um sacrilégio por pessoas que cultuam o sacrifício e vendem cursos para quem quer ganhar dinheiro enquanto a maioria dorme, porque "muito custa o que muito vale".

    Claro que eu sei que a vida adulta é desafiadora, exige disciplina, e que, muitas vezes, precisamos colocar o pé no acelerador, fazer o que precisa ser feito e que ninguém pode fazer por nós. Mas qual é o limite? Quem vai juntar os nossos cacos depois, já que, provavelmente, esse não é um bônus incluído no curso? Por que se fala pouco sobre a necessidade de também colocarmos um pé no freio e os dois pra cima, já que descansar também é algo que só nós podemos fazer?

    Contei, em outros textos, sobre algumas tatuagens que eu fiz com significados importantes, e a última me lembra de, justamente, ter "Calma na alma". Na contramão dessa romantização do sacrifício, ao invés de dizer que vale a pena, me pergunto sempre se vale a vida. Vale a minha vida?

    Sigo aprendendo com o personagem da história que contei, e, sempre que posso — e preciso —, sento na estação de trem, aguardando a minha alma chegar.

Mulheres e seus ciclos

Desde que eu descobri que tenho endometriose e adenomiose (que, segundo a minha médica, é a prima chata da primeira), precisei conhecer melhor o meu ciclo menstrual, para antecipar alguns cuidados que diminuem os impactos dos sintomas na minha vida.

Durante esse processo, percebi que a maioria das mulheres desconhece o que acontece com o seu corpo nessa fase; em especial, como podem se beneficiar ao conhecer o que se passa no nível físico e emocional.

Diferente do que pode parecer, não precisamos ser (*podemos*, mas não *precisamos* ser) deusas do sagrado feminino para nos conectarmos e prestarmos atenção aos nossos ciclos menstruais. Afinal, o ciclo nada mais é do que um processo biológico inerente às pessoas que nascem com útero e ovários. A questão é que nos dissociamos tanto dele que desconhecemos as fases do nosso "ciclar" e a relação de cada uma delas com os nossos sentimentos e formas de estar no mundo.

Como eu contei, só parei para pensar sobre isso depois de sofrer muito pela desconexão com o meu corpo, e sempre que falo sobre esse assunto com outras mulheres, encontro várias também alienadas e alheias. Muitas, inclusive, acham que estão com algum transtorno, quando, na verdade, o que sentem tem a ver com a fase do seu ciclo menstrual.

De novo, você não precisa preencher uma mandala lunar (pode, mas não precisa); basta estar atenta aos sinais. Pode começar anotando o que sente e vive em cada fase; afinal, o ciclo é natural e milenar, mas também muito particular e varia de mulher para mulher (e até de mês a mês). Depois, a partir das informações que anotou, você pode organizar a vida de acordo com o que sente em cada fase, independentemente da fase da lua ou da posição dos astros. Porque, apesar de não existir fase do ciclo que seja essencialmente ruim, tem aquelas em que estamos mais (ou, então, menos) disponíveis para determinados processos e movimentos.

Por aqui, no período fértil da ovulação, costumo me entregar ao criar, já que sinto uma força totalmente "para fora". Na fase pré-menstrual, aproveito para ir desacelerando e observo o que a energia do que entendemos como TPM escancara; enquanto, no período menstrual, me recolho o máximo que consigo; para então, ao fim desse período, restabelecer as energias e entender o que precisa ir embora, para iniciar tudo de novo.

E você, conhece o seu ciclo menstrual?

Exibida

Sempre fui uma menina extrovertida, que liderava as brincadeiras. Era a professora, a mãe, a diretora do filme, a dona da loja, a que maquiava, escolhia as roupas das primas nos desfiles e ainda desfilava como a modelo principal no final. Também gostava de falar, e quase todos os dias estava na fila para puxar a oração no microfone da escola católica em que estudava.

Por ser assim, eu era a famosa tagarela da turma e a minha mãe era chamada com frequência para reclamarem de mim, porque alegavam que eu terminava as atividades e atrapalhava os colegas com conversas. Ou seja, eu tinha que falar menos, me exibir menos e me achar menos, porque os adultos não tinham alternativa que não passasse por me silenciar (em vez de serem criativos e encontrarem outras formas de lidar com tanta energia).

Claro que eu precisava ser orientada sobre os meus comportamentos em prol da convivência em grupo. O que eu não precisava era ter sido ensinada que ser tagarela ou exibida era errado, feio ou coisa parecida. Porque, ali, criei um bloqueio de uma necessidade genuína de expressão. Entendi que precisava ser contida, misteriosa, agradável ou não seria aceita. E não ser aceita é o pesadelo de qualquer criança. Ou melhor, de qualquer pessoa.

Hoje, já adulta, ainda sou afetada por esse dedo apontado. Apesar de conseguir bancar melhor quem eu sou, a espontaneidade, a segurança e a autoconfiança, que

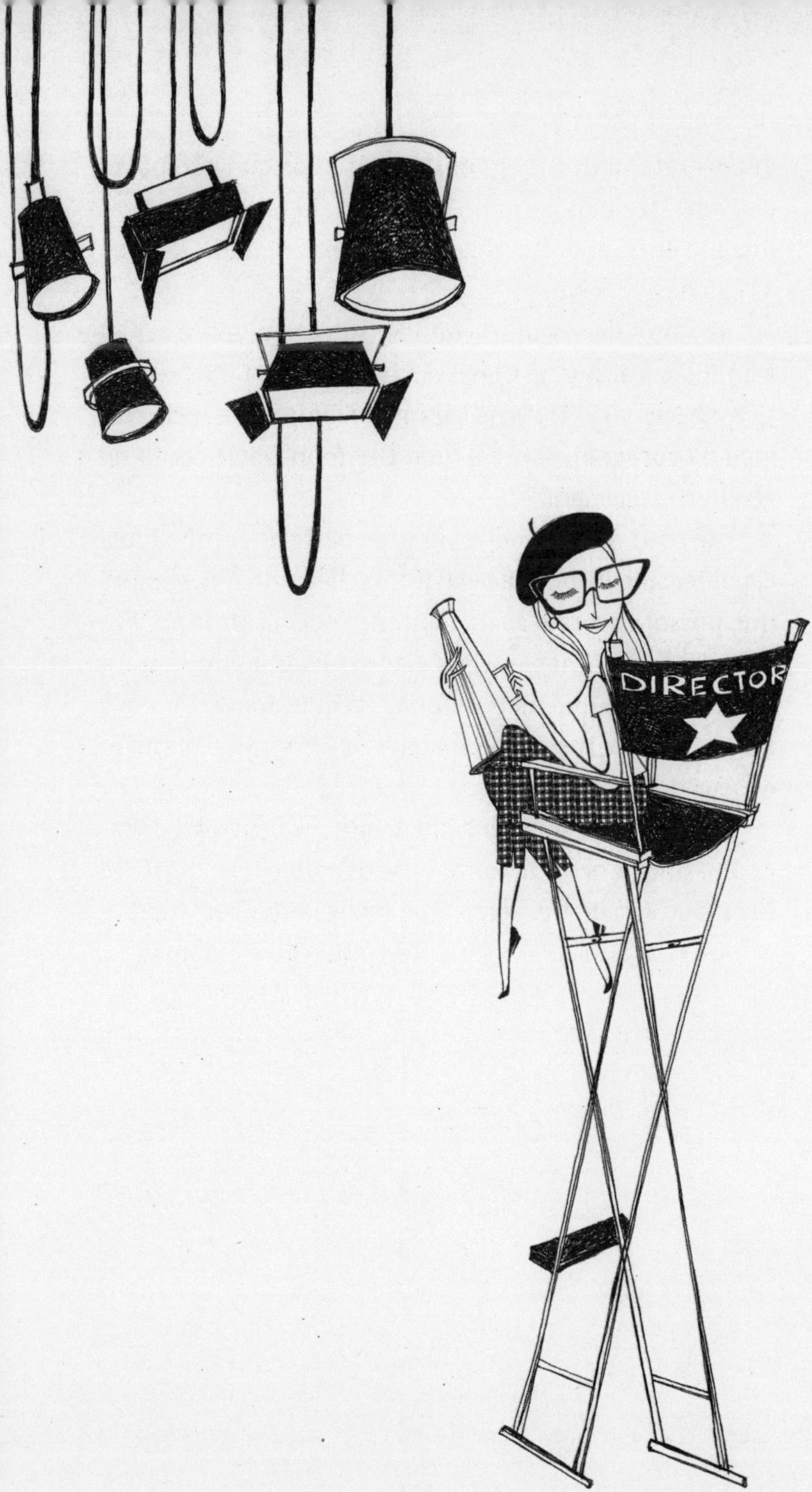
DIRECTOR

antes eram naturais agora são músculos que não posso deixar de treinar, porque, se me distraio, lá estão as vozes que me enfraquecem, dizendo que está demais, porque as caladas vencem.

São anos de resgate da mulher selvagem, sobre a qual a analista junguiana Clarissa Pinkola Estés fala, no clássico e necessário *Mulheres que correm com os lobos*, e de resgate da coragem, sobre a qual Glennon Doyle conta no seu livro *Indomável*.

Até aqui, já reencontrei grande parte da minha força e, por ter sido inspirada pela história de mulheres, sempre que posso, encorajo as que encontro pelo caminho. Em especial as meninas — sejam elas exibidas (assim como a que eu fui um dia) ou boazinhas (já que, apesar de mais aceitas porque incomodam menos, enfrentarão também os seus desafios).

Meninas que, independentemente de quem sejam, precisam, sim, de orientação, mas não de adultos que digam se é certo ou errado elas serem quem são, porque, no fim das contas, suas almas selvagens precisam seguir indomáveis.

Quais são as suas necessidades na vida?

Desde que comecei a estudar sobre comunicação não violenta, procuro estar atenta às necessidades que norteiam ou precisam nortear a minha vida. Sem me aprofundar na teoria (que, se você não conhece, sugiro conhecer), necessidades são como valores inegociáveis que, quando atendidas, provocam sentimentos percebidos como positivos. E que, quando não atendidas, geram sentimentos entendidos como ruins.

Se você ficou curiosa sobre exemplos, é só jogar no Google "lista de necessidades e sentimentos CNV". Isso pode ajudar a identificar a sua lista pessoal.

Decidi escrever sobre necessidades porque, conscientemente ou não, elas costumam nos dar direções e, quando não atendidas, costumam explicar sentimentos como irritação ou incômodo.

Revendo a minha lista de necessidades (que podem mudar com o passar do tempo, de acordo com as fases da vida) para escrever este texto, identifiquei que, hoje, as minhas principais são: organização, autenticidade, aprendizado, calma, simplicidade e contribuição.

O que isso significa, na prática? Que eu preciso estar atenta a elas no meu dia a dia, porque, quando não consigo um mínimo de organização, quando não consigo "ser eu", quando não posso aprender, quando não faço as coisas com calma, quando a vida fica complexa demais ou quando não me sinto contribuindo com o mundo, a tendência é que eu não fique bem.

Um erro comum nesse processo é confundir necessidades com estratégias, que seriam as maneiras pelas quais atendemos o que é inegociável para nós. Um exemplo que sempre uso para explicar a diferença é com relação à minha necessidade de organização. Morando em uma casa com dois filhos e quatro cachorros, e trabalhando fora, nem sempre consigo deixá-la organizada como gostaria. Então, me apego a outras estratégias, como: cuidar para que o meu carro, a minha bolsa, a minha agenda e o meu consultório estejam em ordem, já que esses são lugares onde consigo ter mais "controle".

E por aí? Você sabe quais são as suas necessidades que, quando atendidas, te trazem paz de espírito?

Menos é mais

A oferta anunciada era de uma *masterclass* com um *high ticket*. Só os termos em inglês já me acenderam milhares de alertas, mas a mensagem também me incomodou porque tenho me perguntado, com frequência: por que tudo precisa ser hiper mega blaster?

Tenho consciência de que vivemos em um mundo capitalista, que o custo de vida está cada vez mais alto e que é importante valorizarmos o nosso trabalho, mas, para mim, essa mania de grandeza como contraponto à ideia já esvaziada do paradigma da escassez, a busca desenfreada pela alta performance ou por ser um super-humano me parece tão fugaz, tão ilusória! Tipo caçar Pokémon: você até chega nele, só que, de verdade, ele não existe.

A internet não conhece limites. Vemos imagens de pessoas entrando em helicópteros, fazendo viagens incríveis, usando marcas caríssimas (do chinelo ao chapéu), para que depois nos vendam o que não precisamos. Não contextualizam o preço que pagam, a real origem do dinheiro, os remédios que tomam e as crises que têm.

Sério, o caminho não pode ser esse. E, se fosse, não estaríamos vivendo índices alarmantes e ascendentes de depressão, ansiedade, cansaço e burnout. Se ainda dá para ficar pior, muitas dessas pessoas prometem curar os sintomas criados, justamente, pela lógica por trás do que fazem. É tipo você tomar um remédio para aliviar uma dor causada, no fundo, pelo uso desse medicamento. Confuso, não? Sim. E enlouquecedor.

Juliana, você está dizendo que a solução é largar tudo? Não, mas entendermos o que é meio e o que é fim. O que é necessidade e o que é estratégia. O que é querer provar algo para alguém e o que faz sentido porque te faz sentir.

Usando da mesma estratégia dos termos em inglês, tenho pensado muito na ideia de viver uma vida *slow profile*, que basicamente quer dizer "calma, calabreso".

O clichê "menos é mais" não se aplica para tudo na vida, mas pode ser uma boa lanterna para encontrarmos a saída quando tudo parece demandante demais.

Fazer menos, mas bem-feito, com presença, intenção e sentido, pode te levar mais longe e cobrar um custo menor do que você pagaria em uma *masterclass* com um *high ticket*.

Liberdade como prisão

Desde que me tornei mãe, passei a entender o que era me tornar mulher para além de ter nascido uma, como diz a célebre frase de Simone de Beauvoir, que abre o segundo volume do clássico *O segundo sexo*.

Mesmo mergulhada num mundo de privilégios, ao ter filhos, deparei-me com imposições sociais, limitações e revisitei todas as vezes em que precisei ser e fazer mais e melhor por não ser um homem.

Porém, ao mesmo tempo que essa consciência me trouxe uma infinidade de questionamentos que provocaram um desejo urgente de mudar o mundo, tornei-me um tanto mais sobrecarregada, porque, ao me perceber capaz de fazer qualquer coisa, quis dar conta de tudo, em uma vida só.

Por isso, tenho trabalhado, através dos meus textos e falas, no sentido de convidar as mulheres a se entenderem, sim, como protagonistas das suas vidas, mas que isso não quer dizer lutar o tempo todo, por tudo e em todo lugar. Sermos autoras das nossas histórias não precisa significar sermos supermulheres e vestirmos armaduras pesadas que, no fim, nos desconectam do mundo e de nós mesmas. Essa acaba sendo uma armadilha, porque nos dá uma falsa sensação de poder.

Sim, muitas vezes (muitas mesmo) somos super; porém, na maior parte delas, não por escolha genuína, mas por não termos outra possibilidade, ou por sentirmos

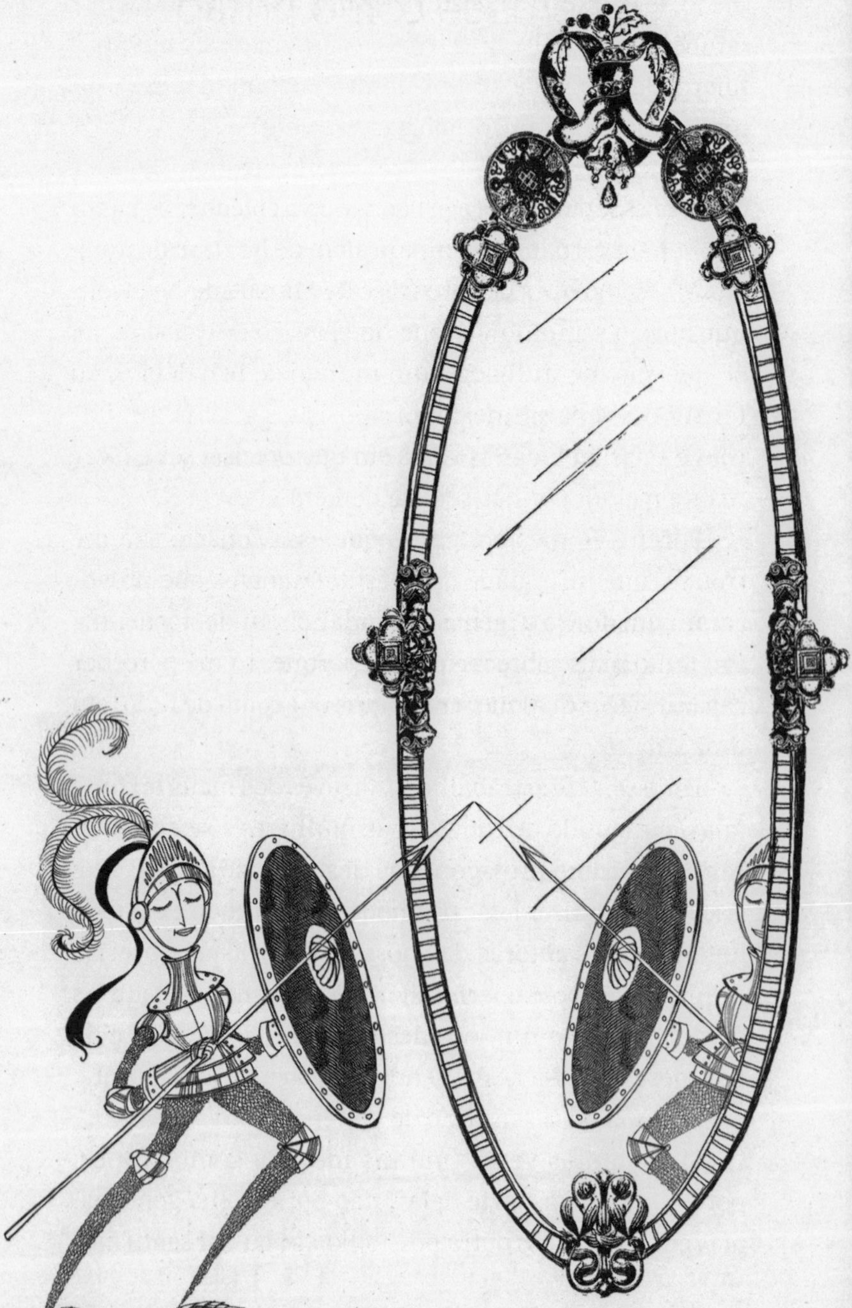

medo de bancar essa postura (já que qualquer mudança também convida o outro a mudar). Além disso, buscar a liberdade não pode acabar nos aprisionando dentro de uma armadura, impedindo a vida de entrar.

Pra mim, como mulher, ser protagonista da minha vida (por mais ressalvas que eu tenha a esse termo) passa também e, principalmente, por compartilhar poder e demandas; por colocar cada um no seu lugar; por não centralizar responsabilidades e nem assumir um lugar de super... nada, se eu não quiser.

Sigo atenta a possíveis sobrecargas que hoje me consumam para não cair na armadilha de confundir protagonismo com onipotência, assumindo os meus desejos e necessidades sem ocupar um lugar equivocado de importância, de supermulher.

A armadura eu guardo apenas para ocasiões especiais, nas quais preciso me proteger, porque o que eu gosto mesmo é de me sentir livre.

Superioridade

Aprendi uma dinâmica nas formações que fiz sobre disciplina positiva, chamada *Top Card*. Basicamente, ela consiste em você escolher um pacote (dentre outros quatro) para devolver, porque o teria recebido por engano. São eles: rejeição/aborrecimento, crítica/humilhação, estresse/dor e superficialidade/insignificância.

A escolha pela devolução se dá porque aquele pacote representa algo que, para você, é muito difícil de lidar. Para cada um, existe um comportamento como resposta automática que chamamos de *top card*, ou seja, a carta do topo, a primeira que você tira do baralho.

Se o pacote que você devolve é a rejeição/aborrecimento, a sua *top card* é agradar. Se o pacote que você devolve é o da crítica/humilhação, a sua *top card* é o controle. Se o pacote que você devolve é o estresse/dor, a sua *top card* é o conforto. E, por fim, se o pacote que você devolve é o da superficialidade/insignificância, a sua *top card* é a superioridade.

Ou seja, para evitar alguns sentimentos, você reage com comportamentos que não são bons ou ruins, mas que exigem consciência e atenção.

Nas primeiras vezes que fiz essa dinâmica, a minha *top card* foi agradar. Eu tinha muita dificuldade em lidar com qualquer coisa que cheirasse a rejeição ou que me aborrecesse e, por isso, vestia a personagem da boazinha, da legal, da que agrada demais. O que me dava um lugar de importância, mas que, no final, me causava muito ressentimento, porque nem sempre eu fazia o que queria de fato fazer.

Com o passar do tempo, aprendi a dar limites e a me posicionar e deixei de ser tão sedenta por aprovação. Aí passei a me identificar com a *top card* da superioridade, porque me incomoda muito qualquer coisa que pareça superficial ou insignificante. Só que, ao fugir disso, muitas vezes me sinto superior, melhor e mais inteligente.

Como eu disse antes, nenhuma carta do topo é boa ou ruim. Ao evitar o meu pacote, estudo e me dedico bastante a tudo o que eu faço, ao mesmo tempo que preciso estar vigilante para não me achar melhor do que ninguém por isso. Afinal, cada um tem seu processo, suas limitações e desafios. Não cabe a mim o julgamento de ninguém, mas seguir buscando ser cada vez melhor no meu próprio caminho.

E, por aí? Qual é a sua *top card*?

E se eu estiver errada?

Uma das minhas necessidades na vida é aprender, ou seja, sempre que eu posso, escolho viver experiências e estar em lugares onde exista a possibilidade de aprender algo. E tenho colocado isso em prática, abrindo-me constantemente a possibilidades de repensar as minhas crenças. Apesar de desconfortável, sempre que eu posso, estudo um assunto que desconheço ou escuto alguém que tem opiniões diferentes das minhas.

Não sei o que explica essa minha necessidade de duvidar de mim mesma. Não digo duvidar no sentido de insegurança, mas de deixar em aberto toda e qualquer convicção e de me perguntar o tempo todo: "e se eu estiver errada?".

Se você me conhece um pouco, talvez não acredite no que estou contando, porque costumo parecer uma pessoa bem posicionada e com argumentos para defender aquilo em que acredito, mas, até para ser assim, não deixo morrer em mim essa inquietação, que me convida a deixar uma fresta nas certezas e crenças mais arraigadas.

Como eu disse, não sei exatamente de onde isso vem, se é do signo, do ascendente, da minha história, das formações em direito e psicologia; só sei que, sempre que me sinto quase 100% certa de alguma coisa, surge uma voz que me questiona: "será?". Será, Juliana? Com base em quê? Você daria a sua vida por essa convicção que defende?

Conto isso não para dizer que sou incrível (até porque, se não me permitir descansar nas minhas convicções, obviamente me tornarei uma eterna angustiada), mas para compartilhar que também tem sido muito prazeroso abrir mão de certezas na vida. Afinal, quantas vezes acreditamos piamente em alguma coisa e, depois, descobrimos que não era bem assim?

Claro que teremos aquelas convicções que fazem tanto sentido para nós que não precisamos nos questionar muito, mas, ainda assim, sendo a vida fluida, acredito que sempre vale colocarmos nossas crenças e verdades para tomarem um sol de vez em quando.

Com o tempo

Com o tempo, aprendemos muitas lições — desde andar de bicicleta sem rodinhas até cozinhar um arroz bem soltinho. Aprendemos que "amores vêm e vão, são aves de verão, se tens que me deixar, que seja então feliz".

Com o tempo, entendemos que nem todas as amizades da infância serão levadas para as próximas fases da vida e que segredos deixam de ser segredos a partir do segundo em que os contamos a alguém.

Com o tempo, damos significados profundos a objetos simples, como um anel e um par de sapatos, e ressignificamos histórias para que elas nos doam menos. Ou nos doam mais, se curtirmos um sofrimento.

Com o tempo, dividimos nosso amor entre pessoas que chegam em nossas vidas e intensificamos o que sentimos por quem sempre esteve lá. Ou rompemos vínculos impostos, dependendo da qualidade deles.

Com o tempo, a agenda que, antes, servia para contar dos amores infantis registra os compromissos de uma vida adulta, e entendemos que nem tudo de importante que acontece cabe num punhado de linhas.

Com o tempo, aprendemos a rir nos momentos de desequilíbrio e, se caímos, levantamos mais fortes a cada tombo. Ou, pelo menos, mais atentas.

Com o tempo, o que era inegociável deixa de ser, e o que não era passa a ser atividade essencial (como os

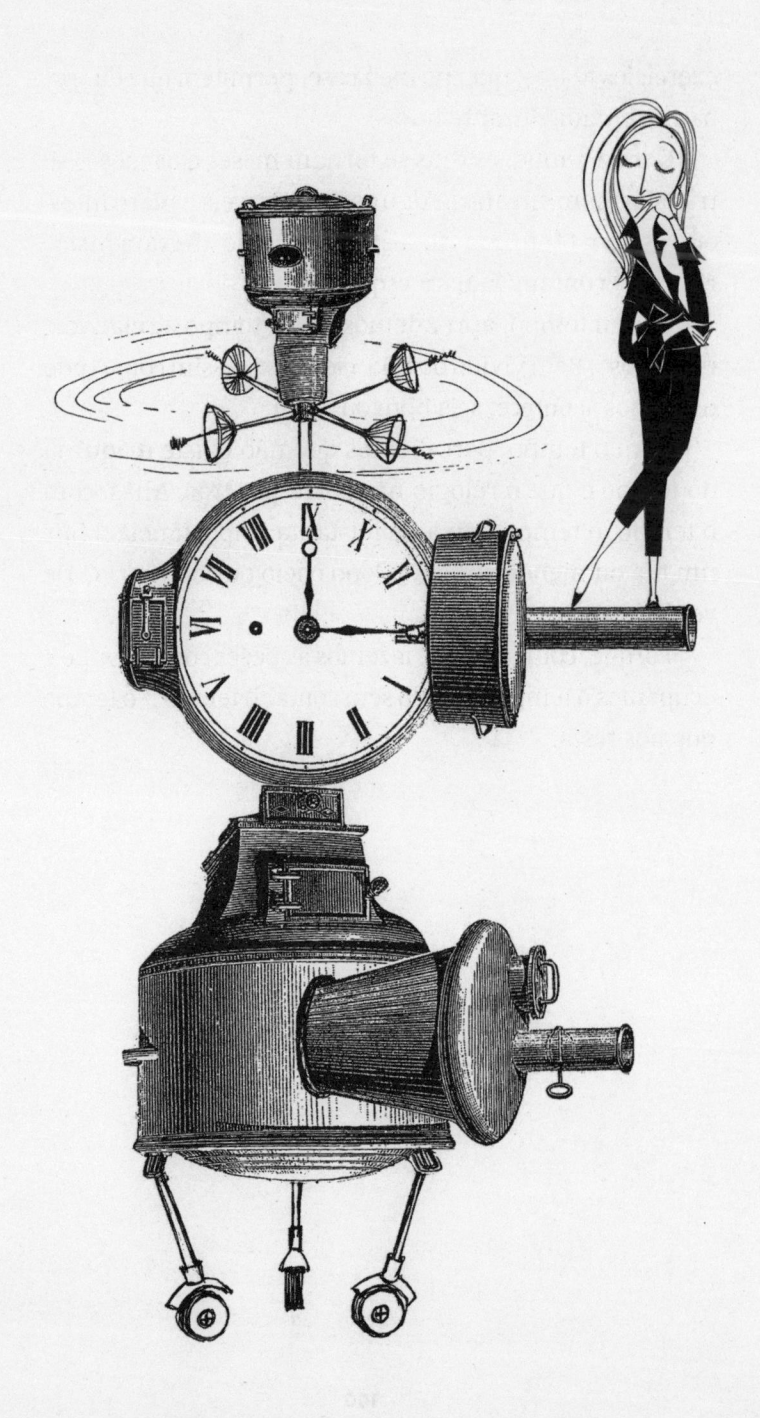

exercícios físicos, que, no meu caso, permitem que eu trabalhe sentada durante horas).

Com o tempo, os dias se tornam meses e os meses se transformam em anos. Alguns memoráveis e marcantes, outros nem tanto. Mas todos, sem exceção, deixam histórias para contar. Ou para esquecer.

Com o tempo, aprendemos que o tempo é relativo e impiedoso. Bem vivido ou não, ele passa. Assim como tudo o que nos acontece, seja bom ou ruim.

Com o tempo, percebemos que não existe máquina do tempo e que o relógio não corre pra trás. Aliás, com o tempo, o tempo deixa de ter tanta importância. Mais um dia ou menos um dia? Copo cheio ou copo vazio? De verdade, pouco importa.

Porque, com o tempo, fazemos as pazes com o tempo e ocupamos o tempo vivendo sem contar o tempo — o tempo que nos resta.

Você não é todo mundo

Quem nunca escutou essa frase da mãe ao pedir algo que "to-do mun-do" tinha — especialmente na adolescência? A mochila, a calça, o tênis ou qualquer coisa que significasse que fazíamos parte de determinado grupo. Lembro que eu ficava extremamente frustrada quando me negavam qualquer um desses pedidos, mas hoje, com filhos, entendo que o que estava por trás desse não, muitas vezes, era a vontade de ensinar que eu era eu, e não a cópia de alguém.

Também aprendi com o tempo, principalmente depois que me tornei uma psicoterapeuta com formação em terapia familiar, que essa necessidade de se sentir parte de um todo é fundamental, em especial quando somos adolescentes. Porque, além de não existir nenhum problema nisso, é até necessário sentir-se parte de um grupo ou igual aos seus pares, ainda mais se isso significar ser bem diferente dos seus adultos de referência. Nessa fase, quanto mais pudermos nos diferenciar da família, mais rápido poderemos entender quem somos como seres únicos, depois de termos nos misturado com os nossos semelhantes que não são os nossos pais e mães.

Isso num mundo ideal, porque o que mais vejo são adolescentes sendo impedidos de viver todos esses processos em paz.

Talvez isso justifique a dificuldade que alguns adultos têm de entender que não precisam ser e fazer igual a todo mundo. Porque a ideia é que, depois que atingimos a maturidade, não precisamos mais nos identificar tanto com os grupos dos quais fazemos parte. Afinal, esse era um processo para termos vivido na adolescência.

Digo tudo isso porque conheço e atendo muitas mulheres que sofrem porque não viveram experiências comuns entre mulheres-mães ou não sentiram o que imaginavam que deveriam sentir. Algumas não têm vontade de ter filhos, outras engravidam e odeiam a experiência. Algumas amaram gestar, mas odiaram parir e amamentar. E, por mais que eu sempre acolha todo e qualquer um desses sentimentos, preciso lembrá-las de que não existe um jeito certo de viver a vida.

É claro que sair do padrão, do que é esperado, costuma ser mais difícil. Mas, ainda assim, é possível e necessário aceitarmos o NOSSO jeito, a NOSSA forma de viver toda e cada experiência.

Porque, como muito ouvimos quando éramos crianças e adolescentes (e que faz sentido só depois), você não é todo mundo! E ninguém é você.

Você não precisa querer ter filhos.

Você não tem que querer gestar.

Você não precisa gestar e amar o processo.

Você não precisa fazer igual à vizinha, à sua irmã, à sua amiga ou à blogueira da internet.

E, quanto mais rápido você se aceitar e aceitar as suas escolhas, menos permitirá que qualquer outra pessoa te diga o que você tem que fazer.

Sobre escolhas e os boletos da vida

Juliana, você ainda não me respondeu.

Não, e talvez eu nem responda. Tenho pensado muito sobre algumas cobranças; inclusive as que, no fim das contas, sou eu mesma que me imponho. Responder mensagens nas redes sociais é uma delas, assim como estar presente na vida de todas as amigas, participar ativamente dos grupos da escola ou saber o que está acontecendo por aí.

Identifiquei, ao longo do meu processo de autoconhecimento, que dava muita importância (e, em algum grau, ainda dou) a agradar e atender os outros, sem pensar em mim. Até entender que viver assim era ruim para todos os envolvidos porque, como escutei, certa vez, em um podcast sobre comunicação não violenta, sempre que fazemos algo para atender às necessidades dos outros sem também atender às nossas, enviamos um boleto de cobrança depois. Um boleto que pode chegar em cinco minutos ou em cinco anos.

Apesar de ter demorado para internalizar esse aprendizado, tive tempo de colocá-lo em prática enquanto os meus filhos ainda eram pequenos — e precisavam de mim mais do que qualquer outra pessoa que me solicitasse pelo celular. Por poucas vezes deixei de estar com eles, na rotina, apenas para agradar e ocupar o lugar daquela que está sempre disponível a ajudar, mas logo decidi bancar o meu não desejo de responder a quem eu não queria.

Contando assim parece que foi fácil, mas eu demorei muito tempo para aceitar que às vezes eu vou desagradar ao não responder a alguém ou deixando de ir a um evento, e tudo bem. Não faço essa escolha por mal, mas porque, muitas vezes, dizer *não* é dizer *sim* pra mim, e estar onde eu quero e onde faz sentido.

Costuma ser mais fácil quando a escolha envolve demandas de trabalho ou dos filhos, mas, cada vez mais, quando digo que "não posso porque tenho um compromisso", pode ser que isso signifique "eu não vou porque estarei de pijama lendo um livro". Nem sempre é só uma questão de não querer, mas de não conseguir, por entender que, em alguns momentos, o que eu preciso é estar comigo. E não em qualquer outro lugar.

Assim, eventualmente, eu não vou responder, não marcarei aquele café nem participarei da discussão sobre a escolha do presente da professora. Nem sempre vou poder ir ao aniversário ou ao encontro. Porque, apesar de dar muita importância a todas as pessoas que fazem parte da minha vida, entendi que entrar em uma rotina impossível cobra um preço alto demais.

E, para não pagar esse boleto e nem endereçá-lo a outras pessoas, tenho feito escolhas que talvez agradem só a mim.

Emocionada, sim

Apesar de emocionada ser um termo "da moda", não é de hoje que as pessoas que transparecem mais as suas emoções são rotuladas de forma pejorativa. Quem nunca ouviu alguém se orgulhar ao se dizer mais racional? Ou alguém sugerindo que outra pessoa deixe as emoções de lado e use mais a cabeça e menos o coração?

Bom, para começo de conversa, eu sei que essa é uma metáfora, mas vale lembrar que o coração "apenas" bombeia sangue. Toda a parte emocional e/ou cognitiva acontece dentro do cérebro, e nós temos, em geral, a mesma estrutura cerebral, com os mesmos processos e atravessamentos. Ou seja, não existem, até onde eu sei, alterações fisiológicas que comprovem que alguém é mais emoção ou razão. Sim, temos o que chamamos de um cérebro emocional e um cérebro racional, mas eles exercem funções que se complementam e não que qualificam (ou desqualificam) as pessoas.

A diferença está na forma como cada pessoa lida e reage às emoções mais primárias, como mostra o filme *Divertida Mente 1*. Apesar de os personagens terem as mesmas emoções na torre de comando, cada uma assume o controle em momentos diferentes, de acordo com as experiências, fases de vida e memórias colecionadas.

Quando assisti ao filme pela primeira vez, a emoção com a qual mais me identifiquei foi a Tristeza. Entendi a

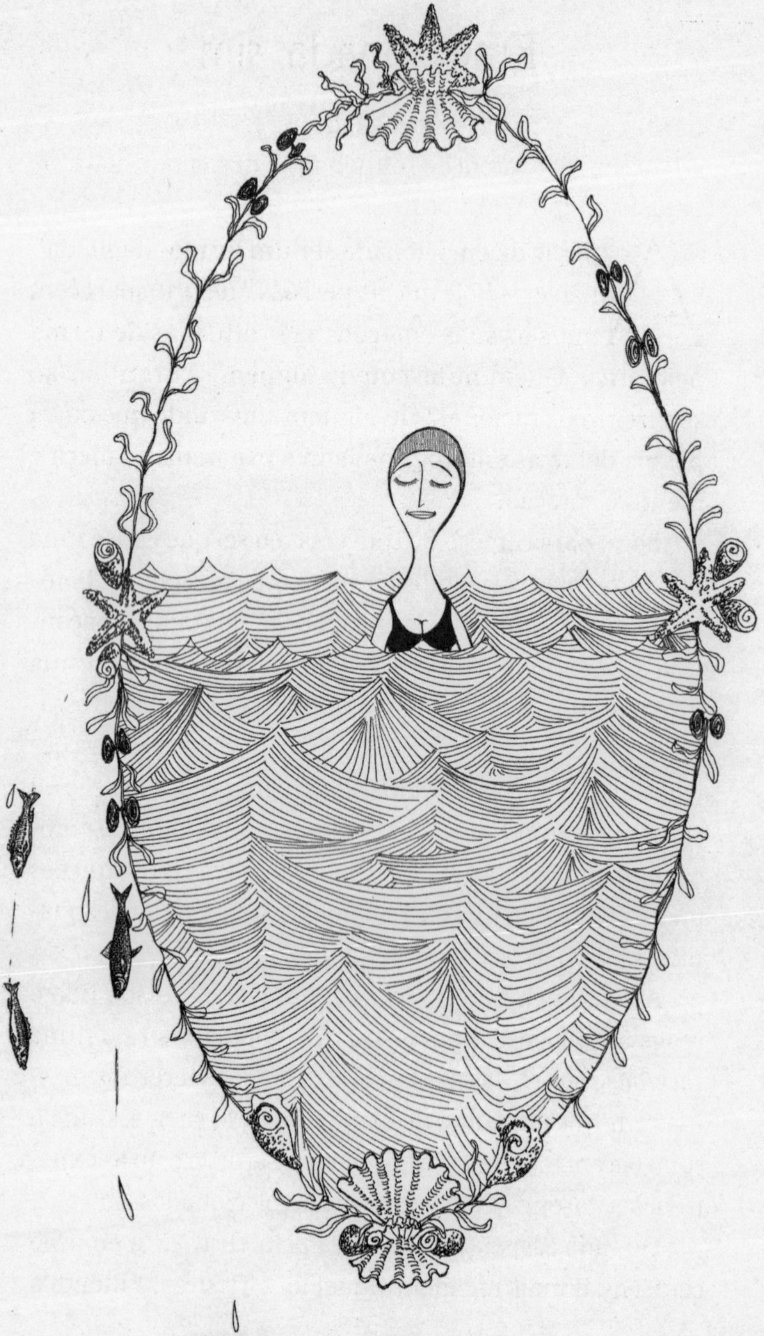

importância de termos a Alegria como principal figura que organiza as emoções, mas me conectei com o final que mostra que todas as emoções são necessárias.

Assim, para além de rotular alguém como racional ou emocional, precisamos todos desenvolver o que chamamos de inteligência emocional, que seria uma competência (adquirida) que nos ajuda a gerenciarmos as nossas emoções. Isso é importante, principalmente, para quem aparenta ser mais racional, mais contido e que, diferente do que parece, não é a pessoa que lida melhor com as emoções, mas sim a que as esconde melhor.

Inclusive, segundo algumas teorias (e diferente do que muitos pensam), pessoas "mais emocionadas" tendem a lidar melhor com as emoções, justamente porque têm mais intimidade com elas, já que as expressam com mais frequência. Não sem algum custo, claro; mas, intuitivamente, elas acabam desenvolvendo maneiras de manejá-las ou buscam mais ajuda nesse sentido. Por outro lado, as pessoas "mais racionais" bloqueiam ou evitam tanto a manifestação do que sentem (não por mal, mas porque, por algum motivo, entenderam que sobreviveriam melhor assim) que nem reconhecem a necessidade de olhar para elas.

No fim, a verdade é que todos somos seres emocionados; assim, mesmo quem não expressa sente e, quando não canaliza pra fora, tende a implodir e ser pego de surpresa por crises que surgem "do nada".

Eu sigo sendo emocionada, sim! E, hoje, percebo o quanto a proximidade com todas as emoções, principalmente com as consideradas negativas, possibilitou que eu me conhecesse melhor e pudesse ajudar outras pessoas a se conhecerem também.

Desculpa, Pollyanna

Se você é da minha geração (nasci em 1986), provavelmente já assistiu ou ouviu falar do filme *Pollyanna*. Lembro-me de ter assistido milhares de vezes quando era criança e de amar aquela história.

Depois que eu me tornei adulta, comecei a me incomodar demais com a postura da personagem e seu jogo do contente. Até escrevi um texto na internet há alguns anos, que viralizou na época, chamado "A síndrome de Polyanna", onde criticava (mesmo que, no final, dissesse que não) aqueles que, assim como ela, focavam no lado positivo de tudo.

Então, dia desses, encontrei o clássico (lançado em 1960) num *streaming* e decidi assisti-lo com os meus filhos. Apesar de não deixar que eles assistam a algumas obras antigas, por causa de comportamentos que antes eram naturalizados e que, hoje, já não são mais aceitos, gosto de mostrar alguns, porque aproveito para contar sobre o mundo e incentivo a construção de um ponto de vista crítico.

E, como já aconteceu com vários outros filmes da minha infância (como *Dennis, o Pimentinha*, por exemplo), ao assisti-los novamente, mas a partir de quem sou hoje, acabo mudando a minha opinião. Porque, se antes Pollyanna e seu jogo do contente me irritavam, agora fazem todo o sentido, já que a vida da menina era tão triste e difícil que só uma tentativa de encontrar o lado bom tornaria possível não sucumbir e adoecer.

Fui assistir ao filme de novo para ensinar aos meus filhos, mas quem aprendeu fui eu. Mais uma vez, pude atualizar opiniões que fizeram sentido até aqui, mas que podem não fazer mais, a partir de quem sou agora. Também peguei emprestado da personagem esse exercício de encontrar o lado bom das experiências ruins. Porque, no caso dela, ser órfã e ter que ir morar na casa de uma tia que ela nem conhecia e que não gostava de criança eram realidades difíceis que ela não tinha como mudar. Então, por que não se desafiar a buscar o lado bom, para que ela ficasse contente?

Isso não precisa e nem deve significar que estejamos negando todo o contexto, mas que não precisamos nos entregar à resignação, porque podem tirar tudo da gente, menos a nossa capacidade de sonhar.

É um pouco o que Viktor Frankl fez e contou em seu livro *Em busca de sentido*, e Edith Eger, em *A bailarina de Auschwitz*, onde eles relatam o que fizeram para sobreviver às dores e atrocidades do Holocausto.

Assim, peço desculpas à Pollyanna por não ter alcançado a dimensão do seu jogo do contente. Se um dia viralizei com uma crítica limitada à sua capacidade de transformar a dor em alegria, hoje espero difundir tudo o que aprendi ao revisitar sua história.

"Apenas" sentir

O fato de pensarmos é uma das poucas diferenças entre nós e outros animais. Ter a capacidade de lembrar, ponderar e refletir possibilitou que evoluíssemos em sociedade. Mas, hoje, percebo que o que nos beneficia também acaba nos prejudicando, já que, ao racionalizarmos demais, acabamos perdendo a habilidade de sentir. Só sentir.

Em muitos grupos dos quais sou facilitadora, inicio o encontro fazendo o que chamo de check-in emocional, como uma forma de convidar as pessoas a identificarem como elas estão naquele momento. Peço para elas sentirem os seus corpos e tentarem traduzir em palavras como estão. Cansadas? Tristes? Felizes? Preocupadas?

Por mais simples que essa dinâmica pareça, muitas vezes, quem está presente não consegue dizer o que sente e acaba racionalizando. Ao tentarem sentir, pensam demais, quando o convite é para que elas "só" sintam.

Desse modo, quando falo sobre parentalidade, gosto muito de orientar os adultos a aceitarem e ajudarem as crianças a identificarem o que sentem; principalmente porque elas ainda são mais as suas emoções do que os seus pensamentos. Não à toa, costumam incomodar os adultos, porque entregam tudo o que sentem nos seus corpinhos: se estão felizes, pulam. Se estão tristes, choram. Se estão com raiva, batem. Se querem algo, deixam isso claro com todas as células do corpo. Quando querem um biscoito antes do almoço, gritam, se jogam no chão, e o que, para nós, parece um exagero é apenas o que elas sabem fazer, porque, enquanto demonstram o que estão sentindo, não dividem sua energia pensando também do que irão brincar logo mais. Elas estão entregues 100% àquele momento.

O que nós, adultos, acabamos fazendo, por pura inabilidade, é ensiná-las a se dissociarem emocionalmente. Como fizeram conosco. Ao negarmos suas vontades — e não só os seus pedidos —, é como se disséssemos que não, elas não estão sentindo o que sentem. Em vez de apenas validarmos a emoção e o desejo e, ainda assim, dizermos *não* ao que querem, dizemos que elas estão erradas. O resultado é que, depois de alguns anos nesse processo, elas já não sabem mais sentir. Por medo de não serem aceitas por serem quem são e querem, dissociam-se do corpo e fogem para o lado mais racional.

Por isso, meu convite tem sido para que a gente se reconecte com o nosso corpo e com o que sentimos. Sem escapar para a racionalização. A ideia é apenas sentir.

Era uma vez e não era uma vez

Era uma vez uma menina que gostava de ouvir histórias. Inventadas ou reais, antigas ou recentes, elas foram tecendo a trama da sua vida e oferecendo repertórios para existir.

Durante muito tempo, as minhas preferidas eram as histórias de amor. Dos clássicos infantis às comédias românticas, hoje vejo o quanto elas foram referências importantes na construção do que eu desejava viver. Ainda que a realidade das princesas da Disney estivesse distante da minha e possa ter impactado negativamente a minha ideia sobre o amor, tenho certeza de que internalizei valores importantes, além da fantasia de que alguém é feliz pra sempre.

Quando me tornei mãe, foi a minha vez de apresentar o mundo através das histórias, para os meus filhos. Ao lermos livros ou assistirmos filmes juntos, pude ver, a olho nu, a cabecinha deles processando toda a magia do que era contado no início, no meio e no fim. Mas, com certeza, as preferidas deles eram as inventadas por mim antes de dormir. E, apesar da falta de criatividade, representada por personagens que sempre se pareciam com eles e por enredos simples, construídos por uma mãe cansada que só queria que eles dormissem logo, depois do fim, sempre escutava pedidos por mais uma.

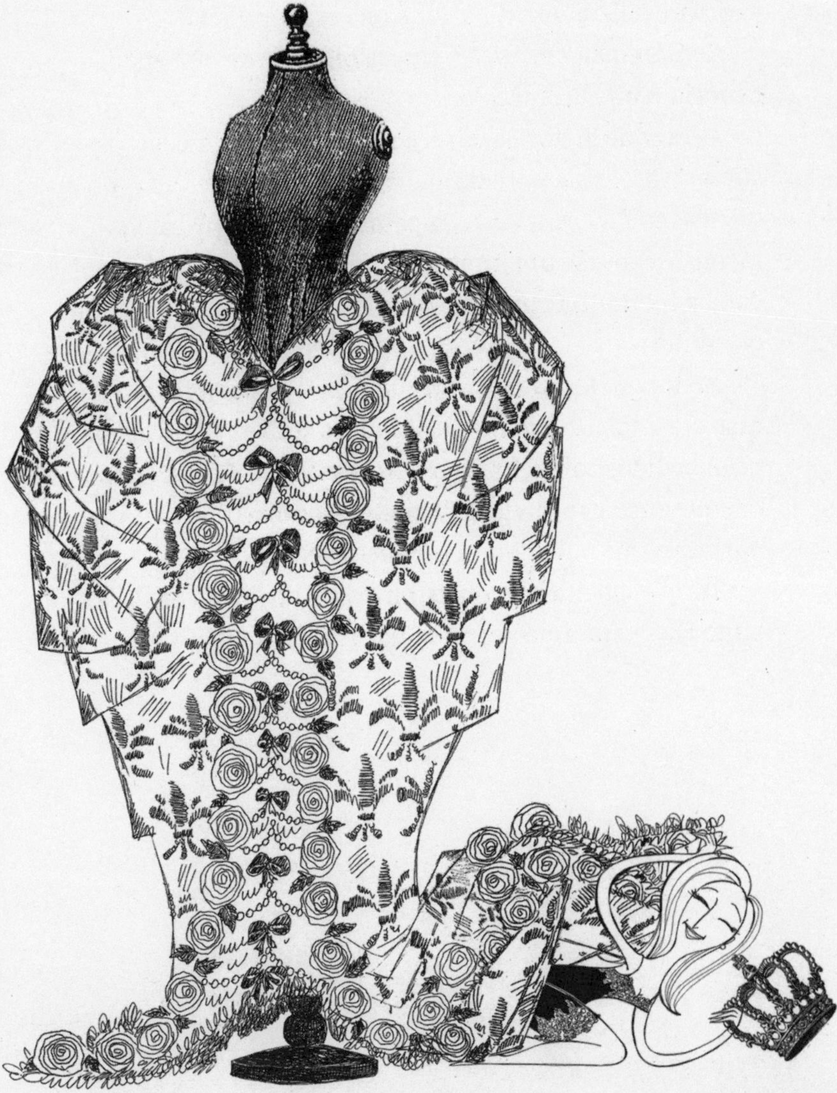

Já na vida adulta, entendi que histórias são sempre narrativas contadas a partir de um ponto de vista e que elas inspiram, mas não precisam ser reais ou completamente compreensíveis, porque, como escreveu a analista junguiana Clarissa Pinkola Estés no livro *Mulheres que correm com os lobos*, "era uma vez e não era uma vez".

Sempre fica em aberto a possibilidade de que aquela história tenha acontecido.

Gostar de histórias talvez tenha sido o que me levou a cursar psicologia, para trabalhar todos os dias escutando relatos reais sobre a vida das pessoas. A cada novo atendimento, é como se um universo se abrisse e eu fosse convidada a mergulhar num rio de onde nunca saio a mesma que entrei.

Ao longo dos anos, de alguém que gostava de ouvir histórias, tornei-me uma contadora (talvez encorajada pelos pedidos dos meus filhos). No trabalho e na vida, sempre que encontro ouvidos dispostos, compartilho alguma narrativa que ouvi por aí. Ou que inventei.

Porque, no fim das contas, ou depois do fim da história, tanto faz se era uma vez ou se não era uma vez!

Quem me conhece sabe?

Durante muito tempo, usei, nos meus textos, a expressão "quem me conhece sabe" como uma maneira de encontrar validação para o que eu estava dizendo. Até que comecei a me questionar se, de fato, quem me conhece sabia.

Claro que quem convive comigo há anos sabe e me conhece mais do que outras pessoas, mas, desde que me tornei psicóloga, entendi que as pessoas são complexas e que não tem como alguém conhecer outra completamente. Somos um tanto previsíveis, mas também temos uma capacidade infinita de nos adaptarmos, e um cérebro elástico sedento por novas conexões.

Também tem a parte boa dessa ideia de que quem me conhece sabe. Poder descansar na intimidade construída, com pessoas queridas, pode ser acalentador. Entender-se com um olhar, rir de piadas que só vocês entendem, saber contar a história de outra pessoa ou ter dividido uma experiência inesquecível e engraçada com alguém é ter um lugar no mundo e vínculos seguros para onde sempre podemos voltar.

O problema é quando essa intimidade vira certeza ou suposições. Quando, por conhecermos alguém, achamos que sabemos tudo sobre essa pessoa, sem dar espaço para descobertas e surpresas. Quando, em vez de encorajarmos as mudanças e apoiarmos o outro nas suas tentativas de ser diferente, sem querer o colocamos de volta em uma caixinha etiquetada por nós.

E isso costuma acontecer nas melhores relações, como você pode imaginar. Não por mal, mas por pura ignorância mesmo. Quem nunca ouviu "mas você não é assim" quando você está se esforçando para sustentar uma mudança que deseja?

Por aqui, tenho procurado estar atenta para não ser essa pessoa na vida de alguém e sentir compaixão, ao invés de raiva, pelas pessoas amadas que insistem em me resumir a uma ideia que fizeram e fazem de mim. Porque quem me conhece sabe — e não sabe, também.

O que importa sou eu me conhecer o suficiente para saber que sou capaz do que eu quiser.

O equilíbrio é dinâmico

Depois de compartilhar tantas histórias reais sobre o que aprendi durante o processo de me aceitar inteira, mesmo ou principalmente nos momentos de desequilíbrio, resolvi encerrar a jornada contando sobre um dos recursos que mais me ajudou (e ainda me ajuda) a lidar com os desafios, já que eles acontecerão independentemente do que eu faça ou do tanto que eu queira.

Como contei em alguns textos, sempre fui uma pessoa que precisa de alguma organização na vida. Até que ela ficou mais complexa do que era, com a chegada dos filhos, as demandas de uma casa e a responsabilidade de um trabalho que funciona com agenda e hora marcada. Se antes, tranquilamente eu conseguia ser quem gostava de ser, de repente já não conseguia dar conta de tudo da forma como eu gostaria.

Durante alguns anos, sofri muito com o que escapava da minha tentativa de controle. Por mais que eu me esforçasse ao máximo, a conta não fechava. E, para piorar, como estava sempre no limite da minha energia, quando apareciam os imprevistos, precisava extrapolar a minha capacidade até que o meu corpo denunciasse o quanto esse jeito de viver não estava funcionando.

Foi só depois de muita terapia que eu entendi que essa minha reação de hiperfuncionar diante de muitas tarefas causava um impacto negativo na minha saúde. Pedra no rim, enxaqueca, refluxo, cólicas intensas e dor na mandíbula eram sintomas constantes que me obrigavam a parar. Parar? Sim, e isso me deixava pior; afinal, o que eu sabia fazer era fazer!

Aí era uma bola de neve, porque a resistência em parar intensificava ainda mais todo e qualquer processo de dor. Por muito tempo, vivi um ciclo negativo sem fim, porque eu hiperfuncionava para dar conta de tudo, sofria as consequências dessa escolha, precisava frear e, assim, ficava ainda mais incapacitada de seguir "disfuncionando".

O que mais me ajudou, além de identificar esse ciclo, na terapia, foi incorporar a ideia de um equilíbrio dinâmico — e não estático. Porque não chegará um momento em que tudo se encaixará e eu terminarei um dia 100% satisfeita. A vida e suas demandas são fluxos constantes. Sem início, meio e fim. Ou melhor, até existe um fim, mas só aquele que significa que nada mais precisa ser feito porque morremos. Literalmente.

Por isso, mesmo tendo diminuído minhas demandas consideravelmente e sempre focando, primeiro, no básico, procuro levar a vida atenta ao dinamismo do que hoje entendo ser uma vida equilibrada.

Tem semana em que foco mais na qualidade do meu trabalho, mas se, na semana seguinte, um filho apresenta uma questão, escolho dar mais atenção para essa relação. Se o meu corpo apresenta sinais de tensão, marco massagem, durmo mais cedo e me alongo mais. Uso agenda e listas para manter um mínimo de controle do que preciso fazer, mas estou sempre fluindo entre todas essas áreas.

Sem me culpar, sem me dar tanta importância e confiando que estou dando o meu melhor. Porque entendi que, se existe um equilíbrio, ele é dinâmico!

Agradecimentos

Como as palavras sempre fizeram parte do meu universo e como elas são, de longe, meu lugar preferido no mundo, a vontade de vê-las impressas, no formato de um livro, sempre foi um sonho. E se ele está sendo realizado, pela segunda vez na minha vida, é porque muitas pessoas sonharam comigo, e, por isso, faço questão de agradecê-las.

Ao meu pai e minha mãe, por sempre acreditarem em mim, celebrarem as minhas conquistas e toparem serem os meus investidores. À minha irmã, pelo encorajamento e por ser sempre a primeira leitora de qualquer coisa que eu escrevia.

Ao meu marido, pela parceria durante minhas crises existenciais e por cuidar de tudo enquanto eu escrevia nos momentos repentinos de inspiração.

Aos meus filhos, pela paciência na minha construção como mãe. Foram vocês que me convidaram a me reinventar e quem mais me ensinaram sobre a importância de me aceitar inteira.

Também agradeço ao psicólogo Frederico Mattos, por ter me aberto portas em outubro de 2012, quando eu ainda era uma menina, e por ter aceitado escrever o prefácio em 2014 e depois, por reescrevê-lo em 2024, a partir das mudanças nos textos.

À ilustradora Bebel Callage, pelo sopro de beleza que lançou aos meus textos, enriquecendo-os com as suas ilustrações impecáveis e certeiras. Como ela mesma me disse, foi uma segunda história construída paralelamente à minha. Também agradeço por ela ter aceitado ilustrar a capa, mesmo dez anos depois.

Um agradecimento especial à Camila Balthazar, jornalista e autora do livro *Sem tinta*, com quem a minha história se cruzou rapidamente em 2009 e que, por uma escolha nossa, se estreitou enquanto eu finalizava esse projeto. Foi à ela que recorri sempre que precisei de uma consultoria literária sobre pequenos grandes detalhes da publicação deste livro.

E, por fim, quero agradecer às leitoras queridas, que sempre, de forma carinhosa, me encorajam. Pessoas que muitas vezes nem me conhecem, mas que tiveram uma influência gigantesca na realização deste livro. Em especial:

Alinny Matos, Amanda Dri Lima, Ana Adriano, Ana Carolina Fanton, Ana Clara Mota, Ana Cordeiro, Ana Paula Luchi, Ana Paula Rodrigues, Anelise Pires, Angeles Pescina, Audy Andres, Bianca Sens, Camila Alves, Carine Pacheco, Carol Dagostin, Carol Matei, Caroline Donner, Cheyla Gracietti, Daniele Castro, Emiliana Puel, Eveline Poncio, Estela Olivo Savi, Fernanda Coelho, Fernanda Silveira, Francielly Pinheiro, Francine Rodacki, Gabriella Borges, Gessica Luana, Gi Capella, Ingrid Vieira, Isis Vieira, Jana Fonseca, Janete Ferreira, Joice Porto, Josiane Faria, Ju Tomasi, Juli Reichert, Juliana Schulz, July Correa, Karla Souza, Karol Soares, Kátia Fraga, Kele Pires, Lais Lacerda, Ligia Celulari, Liz de Abreu, Lya Hildebrand, Manoela Piedra, Mariá Sumienski, Mariana de Alencastro, Marcia Oliveira, Mariele Chrischon, Marila Silveira, Michelly

Nascimento Silva, Milena Luisa, Muri Rocha, Natacha Adamczyk, Natália de Stefani, Natália Kretzer, Natália Scherer, Poliana Motta, Rafaela Neves, Raquel Vieira, Rosaura Silva, Roseane Hilbert, Sally de Oliveira, Simone Valmorbida, Sinara Molossi, Sinara Munchen, Sylvia Pereira, Tati Sardá, Tatiana Oliveira, Thais Carvalho, Thaisa Aline Kienen e Ticiana Frigo.

Referências

Por uma vida desequilibrada

ALVES, Rubem. *Ostra feliz não faz pérola*. São Paulo: Planeta, 2021.

COMER, rezar, e amar. Direção: Ryan Murphy. Produção: Dede Gardner. Estados Unidos: Sony Pictures, 2010.

Não se afobe, não

FUTUROS amantes. Intérprete: Chico Buarque. Rio de Janeiro: BMG Brasil, 1993.

E se der medo?

BARON, Juliana. "E se der medo? Vai com medo mesmo." *Sobre a Vida*, 2013. Disponível em: https://www.sobreavida.com.br/2013/08/22/e-se-der-medo-vai-com-medo-mesmo/.

Caos e ordem

ME curar de mim. Intérprete: Flaira Ferro. *In*: CORDÕES Umbilicais. Recife: Tratore, 2015.

Permita-se

LUA de Cristal. Direção: Tizuka Yamasaki. Brasil: Xuxa Produções, Ponto Filmes, Art Filmes, 1990.

Bittersweet

BRENÉ Brown: Atlas do coração. Produção: Meaghan Ready, Brené Brown e outros. Estados Unidos: Discovery Global, 2022.

Não há lugar melhor que o nosso lar

O MÁGICO de Oz. Direção: Victor Fleming. Estados Unidos: MGM, 1939.

TRISTE, louca ou má. Francisco, el Hombre. *In*: Soltasbruxa, 2016.

Chorona

GASPARI, Ilaria. *A vida secreta das emoções*. Belo Horizonte: Âyiné, 2021.

O silêncio é sagrado

CHAVES, Petria. *Escute teu silêncio*. São Paulo: Planeta do Brasil, 2023.

D'ORS, Pablo. *Biografia do silêncio:* breve ensaio sobre meditação. Tradução de Sandra Martha Dolinsky. São Paulo: Planeta, 2021.

KAGGE, Erling. *Silêncio: na era do ruído*. Tradução de Guilherme da Silva Braga. Rio de Janeiro: Objetiva, 2017.

Conectada – com a vida

BUCAY, Jorge. *Quando me conheci*. Tradução de Maria Alzira Brum. Rio de Janeiro: Sextante, 2011.

Exibida

DOYLE, Glennon. *Indomável*. Tradução de Giu Alonso. Rio de Janeiro: HarperCollins, 2020.

ESTÉS, Clarissa Pinkola. *Mulheres que correm com os lobos*. Tradução de Waldéa Barcellos. Rio de Janeiro: Rocco, 2014.

Liberdade como prisão

BEAUVOIR, Simone de. *O segundo sexo*: a experiência vivida. Tradução de Sérgio Millet. Rio de Janeiro: Nova Fronteira, 2016. v. 2.

Emocionada, sim

DIVERTIDA Mente. Direção: Pete Docter. Estados Unidos: Disney Pixar, 2015.

Desculpa, Pollyanna

BARON, Juliana. A síndrome de Pollyanna. *In*: *Blog Psicologando*. Disponível em: https://blogpsicologando.wordpress.com/2013/08/02/a-sindrome-de-pollyanna/.

DENNIS, o Pimentinha. Direção: Nick Castle. Estados Unidos: Warner Bros Pictures, 1993.

EGER, Edith. *A bailarina de Auschwitz*. Tradução de Débora Chaves. Rio de Janeiro: Sextante, 2017.

FRANKL, Viktor. *Em busca de sentido*. Tradução de Walter O. Schlupp e Carlos C. Aveline. 48. ed. São Leopoldo: Vozes, 2019.

POLLYANNA. Direção: David Swift. Estados Unidos: Walt Disney, 1960.

Era uma vez e não era uma vez

ESTÉS, Clarissa Pinkola. *Mulheres que correm com os lobos*. Tradução de Waldéa Barcellos. Rio de Janeiro: Rocco, 2014.

FONTE Mrs Eaves
PAPEL Pólen Natural 80 g/m²
IMPRESSÃO Paym